Was ist das Schwerste von allem?
Was dir das Leichteste dünket:
Mit den Augen zu sehn,
was vor den Augen dir liegt.

(Goethe)

Franz Haverkamp

Analysen – Symbole

*Inspirationen im Tagebuch
eines Aufsässigen*

6301–03

Unbewusst im Dialog mit dem
Unbewussten und der geistigen Welt

Bibliografische Information der Deutschen Nationalbibliothek:
Die Deutsche Nationalbibliothek verzeichnet diese Publikation in der Deutschen Nationalbibliografie; detaillierte bibliografische Daten sind im Internet über http://dnb.dnb.de abrufbar.

© 2017 Franz Haverkamp
3. Auflage (2. Überarbeitung)
Titelbild: Fotolia
Herstellung und Verlag: BoD – Books on Demand, Norderstedt

ISBN: 978-3-7412-4333-2

Für

*meine Kinder und alle,
die auf der Suche sind nach dem Sinn
ihres Lebens*

In

*Liebe zu Gott und seiner Schöpfung
und mit Dank an alle, die an der
Entstehung und Bearbeitung
der vorliegenden Texte
beteiligt waren*

Inhalt

Vorwort 9

03.01.63	Nichts ist anders	15
04.01.63	Drei Strahlen	22
08.01.63	Ja, sie waren es	29
10.01.63	Zahlen hatten sie	32
13.01.63	Der Wind hat es	34
18.01.63	Minuten sind	37
19.01.63	Mit dem roten Elefanten	42
21.01.63	Hat es die überhaupt	48
23.01.63	Wie deine Augen	54
24.01.63	Straßen des Hasses	61
25.01.63	Eine seltene Müdigkeit	63
26.01.63	Wie könntest du das	68
27.01.63	Weites Licht, schleierhaft	69
29.01.63	Dein Lächeln ist nicht	73
31.01.63	Vom Totenhaus kommt	80
01.02.63	Sie kommen	83
02.02.63	Zur Treppe, die	88
05.02.63	Kristallische Nacht!	92
06.02.63	Warum zögere ich?	96
27.02.63	Dem Augenblick ist	103
10.03.63	An den Augenblick	104
11.03.63	Immer noch bestaune	105
12.03.63	Schweigen für eine	108
15.03.63	Schleichen sie?	112

16.03.63	Eine Straße. Darauf	116
17.03.63	Kaum halbe Töne	118
18.03.63	Schein des Feuers	123
19.03.63	Flammen	126
20.03.63	Sie schreit	134
21.03.63	Er sagt, er sei	136
22.03.63	Eine ganze Antwort!	141
23.03.63	Person und Welt	142
24.03.63	Kleiner roter Elefant	147
27.03.63	Fäden, die	152
28.03.63	Gib mir ein Wort!	158
Symbole		164

Vorwort

Berichte über geistige Welten und ihre Verbindungen zu uns gibt es seit Jahrtausenden. Doch die Beschäftigung mit ihnen fällt dem wissenschaftsgläubigen Menschen in der heutigen Zeit sehr schwer. Aufgrund moderner Forschungsergebnisse glaubt er – obwohl das Wissen um das Wesen der Materie mit ihren inneren und äußeren Grenzbereichen sowie die Kenntnis der Psyche einschließlich des Unbewussten noch fehlen – die Existenz eines materieunabhängigen Geistes in Frage stellen bzw. negieren zu dürfen. Damit wird die allgegenwärtige Kommunikation der geistigen Welt mit uns bzw. mit unserem Unbewussten außer Acht gelassen, und als Folge davon wird auch nicht hinterfragt, aus welchen geistigen Bereichen unsere Gedanken und unsere daraus resultierenden Entscheidungen kommen.

Wie nachteilig diese Entwicklung für uns Menschen ist, wird in der Buchreihe „Analysen – Symbole, Inspirationen im Tagebuch eines Aufsässigen" und einer nachfolgenden Buchreihe mit der Deutung der Tagebuchtexte dargestellt. Über Inspirationen, die ich von 1957 bis 1966 empfing, aber als solche nicht erkannte, wird

- das Wesen der Inspiration erklärt und damit auf die Existenz von geistigen Welten einschließlich der möglichen Verbindung zu ihnen hingewiesen
- die Anwendung der Traumsymbolsprache, die mir damals noch völlig fremd war, demonstriert
- auf die verhängnisvollen Auswirkungen des Materialismus aufmerksam gemacht
- und im Rahmen einer Psychoanalyse mein eigenes Fehlverhalten und ein solches in unserer Gesellschaft aufgezeigt.
- Schließlich werden sehr wichtige Fragen im Zusammenhang mit unserem Dasein, unserem Zusammenleben und mit dem Ausleben unserer Sexualität diskutiert
- und aus den Texten geht auch hervor, dass unsere Hinwendung zum Himmel, vor allem in Zeiten seelischer Not, nicht unbeantwortet bleibt.

Die in den Tagebüchern von mir selbst – bewusst oder unbewusst – vorgebrachte Kritik ist sehr oft ungerechtfertigt. Sie erinnert an das Verhalten eines kleinen Kindes, das aufgrund seiner Unwissenheit noch ungezogen und aufsässig ist und seiner Umgebung manch einen körperlichen und seelischen Schmerz zugefügt. Ich bitte deswegen meine Leser um Nachsicht bei der Lektüre, zumal die vorliegenden Texte, die meinerseits nicht für eine Veröffentlichung bestimmt waren und jetzt sozusagen unverändert aus meinen Tagebüchern übertragen wurden, in einer mir unbewussten Zusammenarbeit mit der geistigen Welt und teilweise unter Verwendung der mir damals noch unbekannten Traumsymbolsprache entstanden sind. Letzteres und andere ungewöhnliche Ausdrucksweisen, wie zum Beispiel die häufige Verwendung von Synonymen und Satzfragmenten, führten auch dazu, dass viele Textstellen nur schwer zu deuten waren und bei einer späteren Durchsicht vielleicht hier und da noch einer kleineren Korrektur bedürfen.

Tagebuchtexte
vom 3.1 bis 28.3.1963
im Original
und nach ihrer Bearbeitung
50 Jahre später

3. Januar 1963

Nichts ist anders. Hatte ich das erwartet? Gehe ich nicht immer schlafen mit dem Gedanken, der nächste Tag bringe Unerhörtes, bringe die Erlösung? Wann werde ich so bescheiden, die Gegenwart zu schätzen? Die Leute nennen es Sehnsucht. Sie fesselt mich, macht mich aber auch traurig – und glücklich. Es ist so ein Gemisch. Ich sehe die Welt wachsen. Es tut sich vieles auf. Ich lerne kennen, ich lerne sehen und hören. Ich bin dankbar dafür. Aber einfach ist das nicht. Vieles in mir sträubt sich dagegen – ist für das Einfachere, Unbeschwerte, will diese Arbeit der Analyse nicht – möchte leben. Doch das Leben gibt mir keine Ruhe. Ich habe die Empfindung, die Zeit gehe verloren, ich müsse etwas Großes leisten.
So ist nichts anders. Die Tage wiederholen sich – Blätter sind es, die abfallen, die im Wind treiben, die aber immer fallen, so, wie es der Garten, der Wald, das Land will, wie es die Erde will. Nie habe ich das Blatt verfolgen können. Nur kurze Augenblicke waren für mich. Und diese gehörten mir nicht. Meine Gedanken waren fort – oder sie hingen an den Blättern. Ich weiß es nicht. Ich habe keine Kraft zur Frage. Meine Blätter. Sieh, die Erde hat sie gefärbt, sie sind gewachsen aus einem kleinen Keim, groß wurden sie, und dann verloren sie das Grün. Mensch, du stehst davor.

Du siehst mit deinen Augen alles und siehst gar nichts. Wer hat dich so zugerichtet? Verdammt scheinst du mir zu sein zum Primitiven. Du siehst nur den Mond und das Meer und du hörst nur die Stille der Nacht und du siehst nur die Sterne. Wie ein Kranker, den niemand gesund macht, wie ein Hungriger, den niemand sättigt. Alles ist so greifbar nahe. Nimm es in deine Hand, spiele mit den Dingen, in deren Mitte du lebst. Fühle dich. Fühle deinen Gefährten. Auch die, welche nicht bei dir sind. Fühle die Größe, die Möglichkeit, alles, was dich vom Nichts unterscheidet.

Ich habe meine Zahlen verloren. Lange Zeit dachte ich nicht mehr an sie. Wo mögen sie sein? Haben sie mich verlassen? Meine Augen schließen sich. Eine Welt schließt sich ab, kapselt sich ein. Aber ich breche sie auf und verkapsele wieder. Meine Augen gehorchen. Impulse gehen zu ihnen. Und eine Zelle nährt die andere. Welche Kräfte dort sein müssen, das zu veranlassen. Welche Vorstellung habe ich davon?

Schwarze Tücher aus dem Totenhaus – habe ich geholt. Sie sind nun mein. Die Toten lagen da. Man hatte ihnen die Namen entfernt. Die Totentücher aus Leinen in der Nacht. Es war wie in meinem Haus. Ich könnte keinen Unterschied finden. Haus ist Haus, Tuch ist Tuch, Toter ist Toter. Selbst Zahlen gab es dort. Logische Zahlen der Schwäche. Expliziere. Nein. Suche dich. Nicht interpretiere im Totenhaus. Die Seelen liegen in schwarzen Tüchern. Und Blumen hat man hinzugestellt. Als ob die was änderten. Ist der Wald Wald ohne Bäume? Bezweifele das. Irgendwo ist es um Mitternacht undicht im Totenhaus. Vielleicht eine Idee. Das Totenhaus ist eine Erfindung in einer Totengegend. Es gibt eine Erde, die ganz traurig ist. Und dort liegen die Toten. Du fasst sie an. Nimmst das Herz. Nichts ist mehr da. Die vielen Zeiten. Spüre seinen Schlag. Leise. Lass es schlafen. Die Straße zum Totenhaus ist eine wie viele. Ich habe sie noch nicht kennengelernt. Die Menschen, die ihre Häuser dort haben, erzählen mir nichts. Ich frage sie, aber sie reden nicht, sie sind stumm. Die Straße führt ins Totenhaus. Und dahin gehen sie wie zum Dienst. Das ist meine Schuld. Mein Leben ist Sünde.

Nach der Bearbeitung des Textes

Nichts ist anders. Hatte ich das erwartet? Gehe ich nicht immer schlafen mit dem Gedanken, der nächste Tag bringe Unerhörtes, bringe die Erlösung? Wann werde ich so bescheiden, die Gegenwart zu schätzen? Die Leute nennen es Sehnsucht. Sie fesselt mich, macht mich aber auch traurig – und glücklich. Es ist so ein Gemisch.

Ich sehe die Welt wachsen. Es tut sich vieles auf. Ich lerne kennen, ich lerne sehen und hören. Ich bin dankbar dafür. Aber einfach ist das nicht. Vieles in mir sträubt sich dagegen – ist für das Einfachere, Unbeschwerte, will diese Arbeit der Analyse nicht – möchte leben. Doch das Leben gibt mir keine Ruhe. Ich habe die Empfindung, die Zeit gehe verloren, ich müsse etwas Großes leisten.

So ist nichts anders. Die Tage wiederholen sich – Blätter sind es, die abfallen, die im Wind treiben, die aber immer fallen, so, wie es der Garten, der Wald, das Land will, wie es die Erde will. Nie habe ich das Blatt verfolgen können. Nur kurze Augenblicke waren für mich, und diese gehörten mir nicht. Meine Gedanken waren fort – oder sie hingen an den Blättern. Ich weiß es nicht. Ich habe keine Kraft zur Frage.

Meine Blätter! Sieh, die Erde hat sie gefärbt! Sie sind gewachsen aus einem kleinen Keim, groß wurden sie und dann verloren sie das Grün! – Mensch, du stehst davor! Du siehst mit deinen Augen alles und siehst gar nichts! Wer hat dich so zugerichtet? Verdammt scheinst du mir zu sein zum Primitiven! Du siehst nur den Mond und das Meer und du hörst nur die Stille der Nacht und du siehst nur die Sterne! Wie ein Kranker, den niemand gesund macht, wie ein

Hungriger, den niemand sättigt. Alles ist so greifbar nahe! Nimm es in deine Hand! Spiele mit den Dingen, in deren Mitte du lebst! Fühle dich! Fühle deinen Gefährten! Auch die, welche nicht bei dir sind! Fühle die Größe, die Möglichkeit, alles, was dich vom Nichts unterscheidet!

Ich habe meine Zahlen verloren. Lange Zeit dachte ich nicht mehr an sie. Wo mögen sie sein? Haben sie mich verlassen? – Meine Augen schließen sich: eine Welt schließt sich ab, kapselt sich ein. Aber ich breche sie auf und verkapsele wieder. Meine Augen gehorchen. Impulse gehen zu ihnen. Und eine Zelle nährt die andere.

Welche Kräfte dort sein müssen, das zu veranlassen!

Welche Vorstellung habe ich davon? Schwarze Tücher aus dem Totenhaus – habe ich geholt. Sie sind nun mein. Die Toten lagen da. Man hatte ihnen die Namen entfernt. Die Totentücher aus Leinen in der Nacht. Es war wie in meinem Haus. Ich könnte keinen Unterschied finden. Haus ist Haus, Tuch ist Tuch, Toter ist Toter. Selbst Zahlen gab es dort, logische Zahlen der Schwäche. Expliziere.

Nein, suche dich! Nicht interpretiere im Totenhaus!

Die Seelen liegen in schwarzen Tüchern. Und Blumen hat man hinzugestellt. Als ob die was änderten! Ist der Wald Wald ohne Bäume?

Bezweifele das!

Irgendwo ist es um Mitternacht undicht im Totenhaus.

Vielleicht eine Idee!

Das Totenhaus ist eine Erfindung in einer Totengegend. – Es gibt eine Erde, die ganz traurig ist. Und dort liegen die Toten. Du fasst sie an, nimmst das Herz. Nichts ist mehr da. Die vielen Zeiten.

Spüre seinen Schlag! Leise! Lass es schlafen!

Die Straße zum Totenhaus ist eine wie viele. Ich habe sie noch nicht kennengelernt. Die Menschen, die ihre Häuser dort haben, erzählen mir nichts. Ich frage sie, aber sie reden nicht. Sie sind stumm. Die Straße führt ins Totenhaus, und dahin gehen sie wie zum Dienst. Das ist meine Schuld. Mein Leben ist Sünde.

<u>4. Januar 1963</u>

Drei Strahlen in die Höhe. Kein Licht. Ich fasse das auch nicht. Was nützt die Raserei? Punkt oben, Punkt unten. Punkt. Seht, die Positionen ändern sich. Sie erhalten Namen. Tote sind es ja nicht. Zahlen. Und wenn du jetzt alleine wärest, müsste ein Plan dir beistehen. Was sollte sonst dir den rechten Weg zeigen? Die Reihenfolge 1, 2, 3. Richtig. Das ist in deinem Gehirn enthalten. Mit der Eins zuerst. Dann gibt es wieder Folgen. Die Zwei ist leichter als die Eins. Denke nicht weiter. Oder, wenn du weiterdenkst, dann gehe rückwärts. Der Zug hat diesen Gang, die Bahn, das Tier, der Mensch. Jedes und jeder ist bereit, rückwärts zu gehen. Nur, sie wissen das ja gar nicht. Es passiert einfach. Ich hatte das Haus verlassen. Die Zahlen waren verschwunden. Aber ich trug sie dennoch in meinen Händen. Wie man eben Zahlen trägt. Alle aus der Kubik. Der Mondschein war noch an ihnen, mit Entfernung. Eins, zwei, drei. Wie viele waren es? Einst spielten sie wie die kleinen Wellen auf einem See. Heute sind sie ernst. Aber ich lege mich nicht fest. Ich würde zum Toten. Man muss uns sterben sehen, man muss alles Elend kennen. Man muss seine Welt aufbrechen, einfach sagen, es ist mehr da, als ich sehe. Ich weiß nicht mehr die Situation. Mir sind die Beziehungen durcheinandergerutscht. Da-

raus könnte ich etwas Neues machen. Mit flinken Händen das Material greifen und konstruieren. Tücher abziehen, Kisten öffnen, Streifzüge durch den Urwald. Du und ich. Wen meine ich?
Luft gab es. Ich schnitt sie durch. Ich erinnere mich an den Fahrradschlauch. Dahinein hatte man sie getan. Es tat mir leid. Das Messer war scharf, und mit kurzer Bewegung, eins zwei drei, entwich die Luft. Und ich bewunderte meinen Anzug. Oh weh! Melodien gehen in fremde Ohren, und alles ist voll Musik. Eine dunkle Zeit. Mir ist vieles egal. So beschreibe ich auch nicht extra das Totenhaus. Weil um Mitternacht dieses undicht war und die Toten heraustropften. Ich stand da in der zerschnittenen Luft und fühlte eine seltsame Kälte. Nicht kontinuierlich. Sie war rhythmisch, mit vielen Qualitäten.
Die Lichter waren aus. Und wenn nur Kerzen dort gewesen wären, Talg mit Docht und Flamme. Wenn nur eine Hand sich geregt hätte. So, wie sie gehalten wird. Wenn nur.
Kreuz und quer gibt es die Entfernungen. Kompositionen aus Blut und Veilchen sind bestimmt nicht in der Rarität führend. Irgendeinem fällt das vor dem Letzten ein. Was ist dies übrigens? Die Straße zum Totenhaus? Wer hat das in mein Gehirn gebracht? Ich habe nie eine Straße gekannt, und das Totenhaus ist mir vollkommen fremd. Nur den Pförtner kenne ich. Das bin näm-

lich ich. Ich mache Dienst für die Toten und die Lebendigen. In der Kubik wusste ich das nicht. Ich sah dort sechs Wände, wenn ich einmal lügen darf. Ihre Dicke konnte ich nicht abschätzen. Man hätte mir das mitteilen müssen. Auf einem Stück Papier wie diesem. Das macht keine Arbeit, die Buchstaben fließen. Manchmal tropfen sie wie die Toten. Aber nur in einem Bruchteil der Fälle. Ein Bild ist das und ein Vorgang, an dem man Freude haben könnte. Sie verstehen mich nicht. Ich meine das Wasser. Es tropft, wie die Buchstaben wechseln, in ihre Augen und überfüllt diese. Wie schade. Die Dicke der Mauer, die ich jetzt reduziert habe, ist eine offene Größe. Eine zweite Kubik müsste geschaffen werden für ihr Maß. In meinem Gehirn gaukeln Welten in vielen Farben. Verwechseln Sie das nicht. Dem Hund ist die Laterne ein Baum, und anderes. Drum Vorsicht.
Die Diagonalen der Kubik fand ich auf der Straße kurz hinter ihrer Vollendung.

Nach der Bearbeitung des Textes

Drei Strahlen in die Höhe.

Kein Licht!

Ich fasse das auch nicht.

Was nützt die Raserei? Punkt oben, Punkt unten, Punkt!

Seht, die Positionen ändern sich, sie erhalten Namen! Tote sind es ja nicht – Zahlen!

Und wenn du jetzt alleine wärest, müsste ein Plan dir beistehen. Was sonst sollte dir den rechten Weg zeigen?

Die Reihenfolge 1, 2, 3 …

Richtig. Das ist in deinem Gehirn enthalten.

Mit der Eins zuerst. Dann gibt es wieder Folgen. Die Zwei ist leichter als die Eins.

Denke nicht weiter! Oder wenn du weiterdenkst, dann gehe rückwärts!

Der Zug hat diesen Gang, die Bahn, das Tier, der Mensch. Jedes und jeder ist bereit, rückwärts zu gehen – nur, sie wissen das ja gar nicht, es passiert einfach.

Ich hatte das Haus verlassen. Die Zahlen waren verschwunden. Aber ich trug sie dennoch in meinen Händen. Wie man eben Zahlen trägt. Alle aus der Kubik. Der Mondschein war noch an ihnen, mit Entfernung. Eins – zwei – drei? – Wie viele waren es? Einst spielten sie wie die kleinen Wellen auf einem See, heute sind sie ernst. Aber ich lege mich nicht fest, ich würde zum Toten.

Man muss uns sterben sehen, man muss alles Elend kennen. Man muss seine Welt aufbrechen, einfach sagen: es ist mehr da, als ich sehe, ich weiß nicht mehr die Situation, mir sind die Beziehungen durcheinandergerutscht. Daraus könnte ich etwas Neues machen. Mit flinken Händen das Material greifen und konstruieren, Tücher abziehen, Kisten öffnen, Streifzüge durch den Urwald.

Du und ich!

Wen meine ich? – Luft gab es. Ich schnitt sie durch. Ich erinnere mich an den Fahrradschlauch. Dahinein hatte man sie getan. Es tat mir leid. Das Messer war scharf, und mit kurzer Bewegung – eins, zwei, drei – entwich die Luft. Und ich bewunderte meinen Anzug.

Oh weh!

Melodien gehen in fremde Ohren.

Und alles ist voller Musik!

Eine dunkle Zeit. Mir ist vieles egal. So beschreibe ich auch nicht extra das Totenhaus, weil um Mitternacht dieses undicht war und die Toten heraustropften. Ich stand da in der zerschnittenen Luft und fühlte eine seltsame Kälte. Nicht kontinuierlich, sie war rhythmisch, mit vielen Qualitäten.

Die Lichter waren aus!

Und wenn nur Kerzen dort gewesen wären, Talg mit Docht und Flamme. Wenn nur eine Hand sich geregt hätte, so, wie sie gehalten wird.

Wenn nur!

Kreuz und quer gibt es die Entfernungen. Kompositionen aus Blut und Veilchen sind bestimmt nicht in der Rarität führend. Irgendeinem fällt das vor dem Letzten ein. Was ist dieses übrigens? Die Straße zum Totenhaus? Wer hat das in mein Gehirn gebracht? Ich habe nie eine Straße gekannt, und das Totenhaus ist mir vollkommen fremd. Nur den Pförtner kenne ich. Das bin nämlich ich. Ich mache Dienst für die Toten und die Lebendigen. In der Kubik wusste ich das nicht. Ich sah dort sechs Wände, wenn ich einmal lügen darf. Ihre Dicke konnte ich nicht abschätzen. Man hätte mir das mitteilen müssen – auf einem Stück Papier wie diesem. Das macht keine Arbeit, die Buchstaben fließen. Manchmal tropfen sie – wie die Toten, aber nur in einem Bruchteil der Fälle.

Ein Bild ist das und ein Vorgang, an dem man Freude haben könnte.

Sie verstehen mich nicht. Ich meine das Wasser. Es tropft, wie die Buchstaben wechseln, in ihre Augen und überfüllt diese.

Wie schade!

Die Dicke der Mauer, die ich jetzt reduziert habe, ist eine offene Größe. Eine zweite Kubik müsste geschaffen werden für ihr Maß. In meinem Gehirn gaukeln Welten in vielen Farben. – Verwechseln Sie das nicht! Dem Hund ist die Laterne ein Baum, und anderes. Drum Vorsicht!

Die Diagonalen der Kubik fand ich auf der Straße kurz hinter ihrer Vollendung.

8. Januar 1963 (Fortsetzung vom 4. Januar)

Ja, sie waren es, die Freunde längs der Straße, längs der Diagonalen, der vom Totenhaus zur Straße. Ich halte sie getrennt, wie man es von mir verlangt. Einfacher ist zwar, alles zu mixen, in den großen Topf zu schmeißen. Dem Auge ist es dann nur eine Masse, überall gleich. Aber ich halte auseinander. Ich will meine Namen anbringen. Sie sind so schön. Viele Buchstaben auf der Diagonalen zum Totenhaus, an der die Häuser stehen mit Licht aus Stein. Die Nummern sah ich nicht. Dort, wo sie sein sollten, waren Löcher im Stein. Viereckige und runde Löcher. Beinahe wäre kein Licht aus ihnen gefallen, der Winkel war komisch, auf der Diagonalen. Auf der Straße zur Diagonalen geht das Leben manchmal weiter. Dann klingt die Welt, dann spielt die Musik, dann fallen Wasser und dann heult der Sturm. Und ich sehe das Meer, wie es hoch wird und auf das Land kommt, wie es wild klingt.

Kinder spielen im Sand. Weil dieser Sand sehr weich ist und trocken, bereitet es viel Spaß. Auf dem Totenweg aber gibt es keinen Sand. Dort fehlt sehr vieles. Ich wundere mich, wie das Totenhaus nur voll werden konnte. Um Mitternacht barst es beinahe. Und der Weg dorthin war schwierig zu finden. Inmitten eines Lächelns, inmitten eines Schmerzes. Totenweg, Diagonale, wie es sich trennt.

Nach der Bearbeitung des Textes

Ja, sie waren es, die Freunde längs der Straße, längs der Diagonalen, der vom Totenhaus zur Straße. Ich halte sie getrennt, wie man es von mir verlangt. Einfacher ist zwar, alles zu mixen, in den großen Topf zu schmeißen. Dem Auge ist es dann nur eine Masse, überall gleich. Aber ich halte auseinander. Ich will meine Namen anbringen, sie sind so schön. Viele Buchstaben auf der Diagonalen zum Totenhaus, an der die Häuser stehen mit Licht aus Stein. Die Nummern sah ich nicht. Dort, wo sie sein sollten, waren Löcher im Stein. Viereckige und runde Löcher. Beinahe wäre kein Licht aus ihnen gefallen – der Winkel war komisch auf der Diagonalen.

Auf der Straße zur Diagonalen geht das Leben manchmal weiter. Dann klingt die Welt, dann spielt die Musik, dann fallen Wasser und dann heult der Sturm. Und ich sehe das Meer, wie es hoch wird und auf das Land kommt, wie es wild klingt.

Kinder spielen im Sand. Weil dieser Sand sehr weich ist und trocken, bereitet es viel Spaß. Auf dem Totenweg aber gibt es keinen Sand. Dort fehlt sehr vieles. Ich wundere mich, wie das Totenhaus nur voll werden konnte. Um Mitternacht barst es beinahe. Und der Weg dorthin war schwierig zu finden – inmitten eines Lächelns, inmitten eines Schmerzes!

Totenweg – Diagonale, wie es sich trennt.

10. Januar 1963 (Fortsetzung vom 8. Januar)

Zahlen hatten sie gemacht. Sie tauchen an vielen Stellen auf. Manche mögen sie, ein wenig Liebe nur. Manche aber hassen sie aus tiefer Seele.
Dann höre den Lärm der Straße. Sieh, er teilt sich, wie alles! Höre den Klang der Welt. Hörst du ihn? Das Klingen der Zahlen, der großen, der kleinen. Wie musikalisch sie sind. Deine Welt. Du gehst an ihnen vorbei. Wie weit der Abstand ist. Du könntest sie greifen, sie halten, sie betrachten. Meinst du, Abstände sind da? Es sind nur Abstände da. Wie schön das Wort ist. Schreibe sie doch. Erinnere dich, wie oft sie dich drängten. Wie standest du zu ihnen? Waren sie deine Freunde? Ich saß in der Kubik des Architekten und hatte alles bei mir. Doch ich löste mich davon. Sie hatten die Mondschatten. Mein Geschmack war's nicht.

Nach der Bearbeitung des Textes

Zahlen hatten sie gemacht. Sie tauchen an vielen Stellen auf. Manche mögen sie – ein wenig Liebe nur, manche aber hassen sie aus tiefer Seele. Dann höre den Lärm der Straße!

Sieh, er teilt sich – wie alles! Höre den Klang der Welt! Hörst du ihn?

Das Klingen der Zahlen, der großen, der kleinen?

Wie musikalisch sie sind! Deine Welt! Du gehst an ihnen vorbei!

Wie weit der Abstand ist!

Du könntest sie greifen, sie halten, sie betrachten! Meinst du, Abstände seien da?

Es sind nur Abstände da!

Wie schön das Wort ist! Schreibe sie doch! Erinnere dich, wie oft sie dich drängten! Wie standest du zu ihnen? Waren sie deine Freunde?

Ich saß in der Kubik des Architekten und hatte alles bei mir. Doch ich löste mich davon. Sie hatten die Mondschatten. Mein Geschmack war's nicht.

13. Januar 1963 (Fortsetzung vom 10. Januar)

Der Wind hat es in die Welt gebracht. So schweigsam wie das totgeborene Kind. Unberechenbar waren diese Minuten. Wer hätte sie auslegen wollen. Eins, zwei, drei Dinge waren das. Sie stießen ins Auge.
Und die Welt dreht sich nicht.
Die Minute trennte ich von den anderen. Wir waren nicht weit vom Totenhaus. Das Totenhaus ist übrigens vom gleichen Architekten wie die Kubik. Den Unterschied haben sie, dass im einen die Toten liegen, im anderen einmal die Zahlen von 1 bis 6 mit Zusatz waren. Es muss vielleicht gesagt werden.
Dort in der Nähe hielt ich mich auf, in irgendeinem Quadrat der Sprache. Möglich ist, dass ich es später genauer definiere. Ich kann jetzt nicht sagen, wie es ist und welche Zahl es hat. Die Grenzen, ach ja, die Grenzen laufen durcheinander. Dort trennte ich die Minute heraus.
Sie werden fragen, was mich drängte, die Minute zu lösen. Sie halten das für unnütz und sagen, in dieser Zeit, die ihm solche Gedanken rauben, könnte er der Allgemeinheit dienlich sein. Ein vernünftiger Standpunkt. Aber Sie irren, wenn Sie glauben, in jedem Fall als Diener der Gemeinschaft dieser zu dienen. Sie strecken dann manchmal die Füße nach oben. Wie bei einem

Witz, zum zweiten Mal erzählt, lachen Sie. Die Minute, denken Sie nach, liegt schwer in Ihrer Tasche. Täuschen Sie sich nicht. Sie ist verführerisch schön, aber auch abscheulich hässlich. Man muss sie einfach kennenlernen und sie mit Abstand genießen.

<u>Nach der Bearbeitung des Textes</u>

Der Wind hat es in die Welt gebracht, so schweigsam wie das totgeborene Kind. Unberechenbar waren diese Minuten.

Wer hätte sie auslegen wollen?!

Eins, zwei, drei Dinge waren das. Sie stießen ins Auge – und die Welt dreht sich nicht.
Die Minute trennte ich von den anderen.

Wir waren nicht weit vom Totenhaus. Das Totenhaus ist übrigens vom gleichen Architekten wie die Kubik. Den Unterschied haben sie, dass im einen die Toten liegen, im anderen einmal die Zahlen von 1 bis 6 mit Zusatz waren. Es muss vielleicht gesagt werden. – Dort in der Nähe hielt ich mich auf, in irgendeinem Quadrat der Sprache. Möglich ist, dass ich es später genauer definiere. Ich kann jetzt nicht sagen, wie es ist und welche Zahl es hat. Die Grenzen ...

Ach!

Ja, die Grenzen laufen durcheinander. Dort trennte ich die Minute heraus.

Sie werden fragen, was mich drängte, die Minute zu lösen. Sie halten das für unnütz und sagen, in dieser Zeit, die ihm solche Gedanken rauben, könnte er der Allgemeinheit dienlich sein. – Ein vernünftiger Standpunkt. Aber Sie irren, wenn Sie glauben, in jedem Fall als Diener der Gemeinschaft dieser auch zu dienen. Sie strecken dann manchmal die Füße nach oben. Wie bei einem Witz, zum zweiten Mal erzählt, lachen Sie. Die Minute, denken Sie nach, liegt schwer in Ihrer Tasche! Täuschen Sie sich nicht! Sie ist verführerisch schön, aber auch abscheulich hässlich. Man muss sie einfach kennenlernen und sie mit Abstand genießen!

18. Januar 1963 (Fortsetzung vom 13. Januar)

Minuten sind hinzugekommen. Zu den vielen, die dort sind. Sie tragen hübsche Kleider, beinahe so hübsch wie die der Zahlen. Meine Lippen flüstern die Minuten. Was habe ich mit ihnen? Warum diese Demütigung? Nun ist eine Zeit da, chaotisch wie ein abstraktes Mosaikwerk, einförmig wie die Arbeit am Fließband, ermüdend. Es ist zwar eine Zeit, aber sie ist ohne Größe. Eine Summierung lediglich von Minuten, die meine Lippen gezählt haben. In jedem Augenblick flüsterten sie wie im Gebet. War es überhaupt ein Unterschied? Stelle dir vor, du stündest auf einem Stein in einer Wüste. Es ist ein Spiel. Es gibt keine Spielgefährten. Nur der Himmel, die Erde, der Mond, Sterne, Kälte, der Stein und du. Eine schlimme Komposition. Die Situation des Patienten vielleicht. Nacht und Stille. Du hörst nicht einmal dich. Ein Bild, in dem alles steht. Deine Augen finden nichts. Versuche zu starren, auf den Punkt, auf den Mond. Sieh, seine Farbe ist blass. Eine große, gelbe Scheibe. Spring, spring, erjage sie dir! Blei zieht dich nieder. Die Wüste ist nicht monoton. Nur der Punkt ist monoton oder die Kontinuität.

Deine Minuten sind tot. Auch sie wurden ins Totenhaus gebracht und dort aufgebahrt. Sie liegen zwischen den Menschen. Sie haben einen Körper wie die Menschen und ein Gesicht, wächsern, geprägt vom Leben. Die Minuten, anonym gekommen, haben eine Beziehung gewonnen und starben dann. Dann starb ihr Kommen, ihre Beziehung, und sie erwachten zu ihrem Tod. Welch eine Eigenart. Alles scheint auf den Kopf gestellt. Es stellt sich gegen uns. Es ist so, als ob ein mächtiger Feind uns umgebe, der jeden Versuch zum Ausbruch aus der Gewohnheit zurückschlage, schmerzlich, uns entmutige. Aber es ist auch so, als ob in uns selbst ein Stachel säße, der in die Peripherie treibt. Das ist ein Leben zwischen zwei Fronten, die uns wie das Weberschiffchen hin und her treiben, unaufhörlich.

Nein, in dem, was man denkt und schreibt, liegt keine Zeit. Befasse dich mit ihm. Lass deine Augen nicht zu viel sehen. Die Welt ist groß, unendlich größer als du glaubst. Und sie hat Gesetze, feste Regeln, und sie hat Punkte, sie hat Höhen und Tiefen, Berge und Täler. Sie hat Gefälle, und wenn es nur dein Gefälle zum Essen und Trinken ist. Affinität ist da. Sehr schön. Frage dich, welches Gesetz das wichtigste ist. Was möchtest du fragen? Du stehst in der Wüste auf einem Stein, und über dir ist der Mond, und deine Augen sind wie Gläser in der Nacht.

Nach der Bearbeitung des Textes

Minuten sind hinzugekommen, zu den vielen, die dort sind.

Sie tragen hübsche Kleider!

Beinahe so hübsch wie die der Zahlen. Meine Lippen flüstern die Minuten. Was habe ich mit ihnen? Warum diese Demütigung? Nun ist eine Zeit da, chaotisch wie ein abstraktes Mosaikwerk, einförmig wie die Arbeit am Fließband, ermüdend. Es ist zwar eine Zeit, aber sie ist ohne Größe. Eine Summierung lediglich von Minuten, die meine Lippen gezählt haben. In jedem Augenblick flüsterten sie wie im Gebet. War da überhaupt ein Unterschied?

Stelle dir vor, du stündest auf einem Stein in einer Wüste! Es ist ein Spiel. Es gibt keine Spielgefährten, nur der Himmel, die Erde, der Mond, Sterne, Kälte, der Stein und du.

Eine schlimme Komposition. Die Situation des Patienten vielleicht: Nacht und Stille.

Du hörst nicht einmal dich. Ein Bild, in dem alles steht. Deine Augen finden nichts.

Versuche zu starren.

Auf den Punkt!

Auf den Mond.

Sieh, seine Farbe ist blass!

Eine große, gelbe Scheibe! Spring, spring! Erjage sie dir!

Blei zieht dich nieder. Die Wüste ist nicht monoton!

Nur der Punkt ist monoton oder die Kontinuität?

Deine Minuten sind tot! Auch sie wurden ins Totenhaus gebracht und dort aufgebahrt! Sie liegen zwischen den Menschen! Sie haben einen Körper wie die Menschen, und ein Gesicht, wächsern, geprägt vom Leben! Die Minuten, anonym gekommen, haben eine Beziehung gewonnen und starben dann! Dann starb ihr Kommen, ihre Beziehung, und sie erwachten zu ihrem Tod!

Welch eine Eigenart! Alles scheint auf den Kopf gestellt. Es stellt sich gegen uns. Es ist so, als ob ein mächtiger Feind uns umgebe, der jeden Versuch zum Ausbruch aus der Gewohnheit zurückschlage, schmerzlich, uns entmutige. Aber es ist auch so, als ob in uns selbst ein Stachel säße, der in die Peripherie treibt. Das ist ein Leben zwischen zwei Fronten, die uns wie das Weberschiffchen hin und her treiben, unaufhörlich.

Nein, in dem, was man denkt und schreibt, liegt keine Zeit! Befasse dich mit diesem! Lass deine Augen nicht zu viel sehen! Die Welt ist groß, unendlich größer als du glaubst! Und sie hat Gesetze, feste Regeln, und sie hat Punkte, sie hat Höhen und Tiefen, Berge und Täler. Sie hat Gefälle – und wenn es nur dein Gefälle zum Essen und Trinken ist!

Affinität ist da.

Sehr schön. Frage dich, welches Gesetz das wichtigste ist! Was möchtest du fragen? Du stehst in der Wüste auf einem Stein, und über dir ist der Mond, und deine Augen sind wie Gläser in der Nacht.

19. Januar 1963

Mit dem roten Elefanten spielte ich heute. Dann lag er hinterher auf dem Tisch. Es war um 19:00 Uhr, nicht ganz genau. Oder war es vielleicht doch ganz genau? Aber er liegt noch vor mir auf dem Tisch. Ich könnte ja sagen, seit ungefähr 19:00 Uhr, oder war es vielleicht doch ganz genau 19:00 Uhr, steht der Tisch unter dem roten Elefanten, diesem roten kleinen Elefanten, seit 19:00 Uhr. Und dann war das Licht an. Imaginäre Kinder spielten mit dem Radio. Nein. Nichts war im Zimmer. Das Kind ist die Lüge. Nur der Elefant, der dort liegt, gleich wie die Minuten, die mich jeden Augenblick schlachten.
Die Zeit zum Schreiben fehlt. Sie haben das Universum vermurkst. Jetzt schalte ich einen Dank und ein Gebet zu Gott ein. Ich bitte um Vergebung. Er soll mir verzeihen, dass ich sein Werk zerstöre. Oder ist es sein Wille, soll ich auflösen, ist das ein Weg zu ihm? Unglaublich groß ist unser Sein. Wohin du dich wendest, ist Form, ist Harmonie. Auch der Tod ist Harmonie, auch die Sünde ist Harmonie? Sie ist sein Werk. Die Harmonie hat einen Weg zur Sünde. Den dürfen wir nicht gehen, weil wir uns dann gegen Gott stellen.
Ich verstehe das nicht. Ich bezweifle Dich. Aber ich liebe die Menschen, ich liebe die Schöpfung.

Aber kann ich Dich lieben? Verzeih! Ich wende mich gegen Dich. Du wirst verzeihen, wenn Du dort bist. Wenn Du dort bist, werde ich Dein Wille sein, oder strafe mich. Ich will für meine Sünde leiden. Ich weiß nicht, wie Du zu mir bist. Ich glaube, dass Du den Versuch verzeihst. Ja, Du musst es verzeihen, wenn Du ein Gott bist, weil ich nicht anders kann. Ich möchte Dich lieben. Doch ist die Liebe zu Dir so schwer. Immer frage ich mich, was ich denn liebe.

Ich habe das Totenhaus nicht erbaut, ich habe das Totenhaus nicht zur Mitternacht gebracht. Im Übrigen springen Punkte, kleine und große, durch die Grenze, die kein Licht hat. Sie sind auch auf der Straße, die ins Totenhaus führt. Wohin führt sie denn? Sie haben ja die Zahlen zur letzten Ruhe gebracht. Die haben nun auch ihr Ende gefunden. Waren das die Zahlen? Verändert wieder ein Irrtum die Welt? Waren nicht die Minuten im Irrenhaus? Die Straße hatte keinen Namen. Das war Abmachung. Welchen Namen sollte man dieser Einrichtung geben? Vielleicht, denke ich mir, hätte man die Straße nach Peter benennen sollen.

Sieh da! Wie sie pendeln! Sie stellen das Irrenhaus auf den Kopf. Sie zertrümmern alles. Sie nehmen sich ihre Existenz. Während sie pendeln, pendelt die Schizophrenie, pendeln die Intelligenz und Dummheit, pendelt die Torheit in die

Nacht – in die Nacht, die weiß geworden, die uns wie reines Leben unberührt zu Füßen liegt, pendeln in die Nacht die Wünsche, die Qualen eines Menschen, der von einer Kraft in die Fremde getrieben wird, den es wie zu einem Abgrund treibt.

Steine, unnatürlich ausgebreitet, eine lange Fläche mit Spuren eines Wagens. Die Grenzen sind verwischt.

<u>Nach der Bearbeitung des Textes</u>

Mit dem roten Elefanten spielte ich heute. Dann lag er hinterher auf dem Tisch. Es war um 19:00 Uhr, nicht ganz genau. Oder war es vielleicht doch ganz genau? Aber er liegt noch vor mir auf dem Tisch. Ich könnte ja sagen, seit ungefähr 19:00 Uhr – oder war es vielleicht doch ganz genau 19:00 Uhr – steht der Tisch unter dem roten Elefanten, diesem roten, kleinen Elefanten, seit 19:00 Uhr.

Und dann war das Licht an. Imaginäre Kinder spielten mit dem Radio ...

Nein!

Nichts war im Zimmer, das Kind ist die Lüge. Nur der Elefant, der dort liegt, gleich wie die Minuten, die mich jeden Augenblick schlachten. Die Zeit zum Schreiben fehlt. Sie haben das Universum vermurkst.

Jetzt schalte ich einen Dank und ein Gebet zu Gott ein. Ich bitte um Vergebung. Er soll mir verzeihen, dass ich Sein Werk zerstöre. Oder ist es Sein Wille, soll ich auflösen, ist das ein Weg zu Ihm?

Unglaublich groß ist unser Sein! Wohin du dich wendest, ist Form, ist Harmonie!

Auch der Tod ist Harmonie? Auch die Sünde ist Harmonie? Sie ist Sein Werk!

Die Harmonie hat einen Weg zur Sünde! Den dürfen wir nicht gehen, weil wir uns dann gegen Gott stellen!

Ich verstehe das nicht. Ich bezweifle Dich. Aber ich liebe die Menschen, ich liebe die Schöpfung. Aber kann ich Dich lieben? Verzeih, ich wende mich gegen Dich. Du wirst verzeihen, wenn Du dort bist. Wenn Du dort bist, werde Ich Dein Wille sein, oder strafe mich. Ich will für meine Sünde leiden. Ich weiß nicht, wie Du zu mir bist. Ich glaube, dass Du den Versuch verzeihst. Ja, Du musst es verzeihen, wenn Du ein Gott bist, weil ich nicht anders kann. Ich möchte Dich lieben, doch ist die Liebe zu Dir so schwer. Immer frage ich mich, was ich denn liebe! Ich habe das Totenhaus nicht erbaut, ich habe das Totenhaus nicht zur Mitternacht gebracht Im Übrigen springen Punkte, kleine und große, durch die Grenze, die kein Licht hat. Sie sind auch auf der Straße, die ins Totenhaus führt. Wohin führt sie denn?! Sie haben ja die Zahlen zur letzten Ruhe gebracht. Die haben nun auch ihr Ende gefunden.

Waren das die Zahlen?

Verändert wieder ein Irrtum die Welt? Waren nicht die Minuten im Irrenhaus? Die Straße hatte keinen Namen!

Das war eine Abmachung!

Welchen Namen sollte man dieser Einrichtung geben? Vielleicht, denke ich mir, hätte man die Straße nach Peter benennen sollen: Sieh da, wie sie pendeln! Sie stellen das Irrenhaus auf den Kopf! Sie zertrümmern alles, sie nehmen sich ihre Existenz! Während sie pendeln, pendelt die Schizophrenie, pendeln die Intelligenz und Dummheit, pendelt die Torheit in die Nacht …

In die Nacht, die weiß geworden, die uns wie reines Leben unberührt zu Füßen liegt!

… pendeln in die Nacht die Wünsche, die Qualen eines Menschen, der von einer Kraft in die Fremde getrieben wird, den es wie zu einem Abgrund treibt. Steine, unnatürlich ausgebreitet, eine lange Fläche, mit Spuren eines Wagens. Die Grenzen sind verwischt.

21. Januar 1963, 4:00 Uhr, Wache auf M 7 (Fortsetzung vom 19. Januar)

Hat es die überhaupt je gegeben? Spuren, ja. Auch sie haben ihren Platz. Wenn sie sich draußen in die Straße eingraben, haben sie Berechtigung. Doch hat die Straße sie? In der Nähe des Totenhauses, sagte ich, gab es eine Fläche. Menschen sollte ich daraufstellen. Ach, wie lange habe ich den Kontakt verloren! Sie haben sie verloren, die Spur zum Totenhaus, die Menschen im Totenhaus. Wohin führt das? Tausend Wege gibt's. An einem steht das Totenhaus, der andere führt auf die Straße. Drei versammeln sich zur Fläche, drei Vokabeln, die keinen Satz bilden. Höre, du hörst das Naive, du hörst den Klang des Lebens, den Puls des jungen Herzens. Und wendest dich ab. Ich erinnere dich an die Maschine, die vom Gleis abgeriet. Sie schoss in ein Wohnhaus und verursachte großen Schaden. Und an das Feuer, das die Menschen verbrannte. Vokabeln nur, leere Worte von massiver Bedeutung. Flächen sind es. Flächen in dunkelgrün und rosa. Und Spuren, und Menschen, und Mitternacht. Dort sitzt jemand, und Buchstaben werden geschrieben und Papier gefüllt wie in der Wüste, wo zwei Sandkörner in Streit geraten. Das ist der Streit der Wüste, die Revolution der Wüste, der Wassertropfen füllt das Meer, und der Mensch belebt die Erde. Graugrüne Flächen mit vielen Wegen, mit vielen Zahlen und mit viel Wachs, diesem schönen Wachs aus dem Totenhaus. Das Wachs aus dem Totenhaus ist kein besonderes Wachs. Es ist das Wachs, das hier auf der Vorstation zum Totenhaus, hier in den Wachsälen der Siechenstation den Fußboden fettet, damit der Urin nicht das Parkett abhebt. Staffele doch, da tröste, spüre. In deinen Ohren ist noch der fallende, stetig fallende Wassertropfen. Der fällt in die Ewigkeit. Und so ist gestaffelt, eine Fläche auf die andere. Kreisen die Hände in die Nacht. Finger beschreiben Ornamente, bizarre Formen. Und wie mit Fäden versponnen ist die Straße, deren Licht niemals Dienst tat. Untereinander verknüpft sind die Zahlen und verknüpft kunstvoll mit den Flächen. Soweit du schaust, ist es Nacht. Das Wort tanzt in sich selbst. Die Nacht tanzt in der Nacht, schwarz in schwarz auf Fläche. Aber sie ist nicht kalt und nicht homogen. Graugrün oder lila, beide Farben entzücken, begrenzen, rahmen ein. Weiße Finger, alte Finger schwören dir den Eid in der Nacht. Drei weiße Finger liegen auf der Fläche neben dem Totenhaus. Als ob sie dort vergessen wurden. Eine Lächerlichkeit. Sie lernen das ganze Leben und vergessen den Eid der drei weißen Finger auf lila Fläche in schwarzer Nacht.

Nach der Bearbeitung des Textes

Hat es die überhaupt je gegeben?

Spuren, ja. Auch sie haben ihren Platz. Wenn sie sich draußen in die Straße eingraben, haben sie eine Berechtigung!

Doch hat die Straße sie? – In der Nähe des Totenhauses, sagte ich, gab es eine Fläche. Menschen sollte ich daraufstellen. Ach, wie lange habe ich den Kontakt verloren! – Sie haben sie verloren, die Spur zum Totenhaus, die Menschen im Totenhaus. Wohin führt das?

Tausend Wege gibt's! An einem steht das Totenhaus, der andere führt auf die Straße!

Drei versammeln sich zur Fläche, drei Vokabeln, die keinen Satz bilden!

Höre, du hörst das Naive! Du hörst den Klang des Lebens, den Puls des jungen Herzens – und wendest dich ab! Ich erinnere dich an die Maschine, die vom Gleis abgeriet! Sie schoss in ein Wohnhaus und verursachte großen Schaden! Und an das Feuer, das die Menschen verbrannte!

Vokabeln nur, leere Worte!

Von massiver Bedeutung!

Flächen sind es, Flächen in dunkelgrün!

Und rosa!

Und Spuren ...

Und Menschen!

... und Mitternacht! Dort sitzt jemand, und Buchstaben werden geschrieben und Papier gefüllt – wie in der Wüste, wo zwei Sandkörner in Streit geraten.

Das ist der Streit der Wüste, die Revolution der Wüste! Der Wassertropfen füllt das Meer und der Mensch belebt die Erde!

Graugrüne Flächen mit vielen Wegen, mit vielen Zahlen und mit viel Wachs, diesem schönen Wachs aus dem Totenhaus. Das Wachs aus dem Totenhaus ist kein besonderes Wachs. Es ist das Wachs, das hier auf der Vorstation zum Totenhaus, hier in den Wachsälen der Siechenstation den Fußboden fettet, damit der Urin nicht das Parkett abhebt. Staffele doch da!

Tröste! – Spüre! – In deinen Ohren ist noch der fallende, stetig fallende Wassertropfen. Der fällt in die Ewigkeit! Und so ist gestaffelt eine Fläche auf die andere!

Kreisen die Hände in die Nacht. Finger beschreiben Ornamente, bizarre Formen. Und wie mit Fäden versponnen ist die Straße, deren Licht niemals Dienst tat. Untereinander verknüpft sind die Zahlen und verknüpft kunstvoll mit den Flächen.

Soweit du schaust, ist es Nacht!

Das Wort tanzt in sich selbst, die Nacht tanzt in der Nacht, Schwarz in Schwarz auf Fläche.

Aber sie ist nicht kalt und nicht homogen!

Graugrün!

Oder lila!

Beide Farben entzücken, begrenzen, rahmen ein!

Weiße Finger, alte Finger schwören dir den Eid in der Nacht!

Drei weiße Finger liegen auf der Fläche neben dem Totenhaus. Als ob sie dort vergessen wurden. Eine Lächerlichkeit. Sie lernen das ganze Leben und vergessen den Eid der drei weißen Finger auf lila Fläche in schwarzer Nacht!

23. Januar 1963

Wie deine Augen ausdruckslos bleiben. Wo ist der Glanz des Wassers? Besinne dich, das Meer ist nah. Ja, und jetzt springe hinab, spring in die Welle vom Fels. Und es zieht dich hinab und zieht dich hinaus auf die Fläche. Turbulente Szenen, mal auf, mal ab, wie der Puls in einer Ader, wie ein Wasserklosett riesele über deinen Körper die Kälte, ganz dicht, wie es zieht, treibt voran, treibt hinaus, gaukeln Bilder wie im Kino, kurze Bilder, gebrochene. Ha, wie es lacht, wie es jammert. Sie hängen dort im Haus. Fäden, seidene, kaum sichtbare, sind ausgespannt, haften an Flächen im Totenhaus.
Und lila ist der Tod, und durch die Nacht stöhnen die Hunde. Eine Musikbox, die vieles wiedergutmacht! Schaue.
Nein, der Himmel ist vergebens. Bilde dir was. Und wäre ein Sturm in der Welt. Dich hat die Erde. Dir gab sie den Namen Evipan und hat dich groß gemacht. Du brauchst die Erde. Aber braucht sie dich? Dann kreise.
Zum zweiten Mal gehen bizarre Formen in den Himmel von weißen Fingern. Am Meer. Dich hat die Erde. Wohin du gehst, wohin du zeigst, sind es nur Figuren. Punkte im All, Zahlen, Tote, Kubik, Kleider, Wasser. Und kein Licht. Keine Dunkelheit. Ein Restposten Dunkelheit ist noch vor-

handen. Licht ist gesperrt für den Normalverbraucher, das erbost in Zahlen,
die ich verließ
mitten im Leben,
die ich rauswarf,
wie man sich schlägt
nach böser Tat.

Wie ich nun spanne ohne Hilfe. Das Wasser am Boden. Die Dimension. Sie ist ein kleines Gedicht. Sie ist die Wahrheit, wo Staub und Wasser sich mischen. Gebrochene Fläche, welch ein Wort, ich denke an Glas und die Strafe. Ob der Zufall es war, weil Kräfte, die bereit sind, sich zu messen, weil dich die Erde hat. Ein Phänomen. Die Menschen gehen zum Meer. Das Wasser geht in die Tiefe. Die Felsen sind in das Wasser hineingefallen. Das Wasser spritzte auf. Dann sank alles in die Tiefe mit dem Wasser. Durch das Wasser gingen die Steine und schlugen auf. Die Steine sanken nicht mehr in die Tiefe. Im Totenhaus ist die Tür noch auf. Die Spuren der glatten Straße, die Spuren des Totenwagens in der glatten Straße führen durch die Tür ins Totenhaus, wo in einer Halle die Zahlen aufgebahrt liegen, oder die Namen. Waren das nicht nur die Namen der Toten, die dort liegen? Namen und Zahlen. Dieses Totenhaus ist das eigenartigste Totenhaus der Welt, weil seine Toten gar nicht tot sind. Auch

die Straße zum Haus ist komisch. Ich habe viele Straßen in meinem Leben kennengelernt. Viele liebe ich, viele habe ich wieder vergessen, manche verabscheue ich. Doch wenn man mich auffordert, den Grund für meinen Hass anzugeben, fällt mir die Rechtfertigung schwer. Ich würde sagen, die Menschen in diesen Straßen gefallen mir nicht, weil sie keinen Gott haben, weil sie nicht dankbar sind. Graue Straßen sind das, wo Eintönigkeit und roter Qualm den Atem ersticken. Ich würde sagen, die Menschen in diesen Straßen können nicht begraben werden, weil sie keine Achtung vor der Erde haben. Sie lieben die Erde nicht. Sie haben die Erde immer nur ausgenutzt. Nun rächt sie sich und stößt sie aus.
Ich bete für die kleinen Kinder in diesen Straßen, die der Rauch verzehrt.
Es gibt dort kein Totenhaus. Und es gibt ein Totenhaus Nr. zwei.

<u>Nach der Bearbeitung des Textes</u>

Wie deine Augen ausdruckslos bleiben! Wo ist der Glanz des Wassers? Besinne dich, das Meer ist nahe! – Ja, und jetzt springe hinab, spring in die Welle vom Fels! Und es zieht dich hinab und zieht dich hinaus auf die Fläche!

Turbulente Szenen – mal auf, mal ab.

Wie der Puls in einer Ader!

Wie ein Wasserklosett riesele über deinen Körper die Kälte, ganz dicht!

Wie es zieht, treibt voran, treibt hinaus!

Gaukeln Bilder wie im Kino, kurze Bilder, gebrochene. Ha, wie es lacht! Wie es jammert! – Sie hängen dort im Haus. Fäden, seidene, kaum sichtbar, sind ausgespannt, haften an Flächen im Totenhaus. Und lila ist der Tod, und durch die Nacht stöhnen die Hunde. Eine Musikbox, die vieles wiedergutmacht.

Schaue!

Nein, der Himmel ist vergebens!

Bilde dir was!

Und wäre ein Sturm in der Welt, dich hat die Erde! Dir gab sie den Namen Evipan und hat dich groß gemacht!

Du brauchst die Erde!

Aber braucht sie dich?! Dann kreise!

Zum zweiten Mal gehen bizarre Formen in den Himmel, von weißen Fingern am Meer.

Dich hat die Erde! Wohin du gehst, wohin du zeigst, sind es nur Figuren. Punkte im All, Zahlen, Tote, Kubik, Kleider, Wasser!

Und kein Licht!

Keine Dunkelheit!

Ein Restposten Dunkelheit ist noch vorhanden. Licht ist gesperrt für den Normalverbraucher. Das erbost in Zahlen,
die ich verließ
mitten im Leben,
die ich rauswarf,
wie man sich schlägt
nach böser Tat.

Wie ich nun spanne ohne Hilfe: Das Wasser am Boden, die Dimension. Sie ist ein kleines Gedicht.

Sie ist die Wahrheit, wo Staub und Wasser sich mischen!

Gebrochene Fläche!

Welch ein Wort?! Ich denke an Glas und die Strafe. Ob der Zufall es war?

Weil Kräfte bereit sind, sich zu messen!

Weil dich die Erde hat!

Ein Phänomen: Die Menschen gehen zum Meer. Das Wasser geht in die Tiefe. Die Felsen sind in das Wasser hineingefallen. Das Wasser spritzte auf. Dann sank alles in die Tiefe, mit dem Wasser. Durch das Wasser gingen die Steine und schlugen auf. Die Steine sanken nicht mehr in die Tiefe.

Im Totenhaus ist die Tür noch auf!

Die Spuren der glatten Straße, die Spuren des Totenwagens in der glatten Straße führen durch die Tür ins Totenhaus, wo in einer Halle die Zahlen aufgebahrt liegen.

Oder die Namen!

Waren das nicht nur die Namen der Toten, die dort liegen?

Namen und Zahlen!

Dieses Totenhaus ist das eigenartigste Totenhaus der Welt, weil seine Toten gar nicht tot sind. Auch die Straße zum Haus ist komisch. Ich habe viele Straßen in meinem Leben kennengelernt. Viele liebe ich, viele habe ich wieder vergessen, manche verabscheue ich. Doch wenn man mich aufforderte, den Grund für meinen Hass anzugeben, fiele mir die Rechtfertigung schwer. Ich würde sagen, die Menschen in diesen Straßen gefielen mir nicht, weil sie keinen Gott hätten, weil sie nicht dankbar seien. Graue Straßen seien das, wo Eintönigkeit und roter Qualm den Atem erstickten. Ich würde sagen, die Menschen in diesen Straßen könnten nicht begraben werden, weil sie keine Achtung vor der Erde hätten. Sie liebten die Erde nicht. Sie hätten die Erde immer nur ausgenutzt. Nun räche sie sich und stoße sie aus. – Ich bete für die kleinen Kinder in diesen Straßen, die der Rauch verzehrt.

Es gibt dort kein Totenhaus!

Und es gibt ein Totenhaus Nr. zwei.

24. Januar 1963 (Fortsetzung vom Vortag)

Straßen des Hasses. Nur ein Wort, das wechselt. Dein Mund geht auf, er geht zu. Gebückt und aufrecht, wie du stehst, so denkst du.
Wandernde Wolken und Wind, der durch die Ferne geht, und Einsamkeit mit den starken Gesichtern der Menschen.
Wo du am Meer stehst, wo du es fasst, wo es durch deine Finger rinnt, kalt, stark, wild. Wie Natur.
Totenhaus, nimmermüdes Wort.
Straßen mit Spuren, Leben mit Wärme. Ein Zauberkünstler müsste her. Es ist alles Zauberwerk. Zu viel für mich. Ich fasse nicht das Geringste. Wie eine Wand ist das vor mir. Überall, wo ich mich hinwende, kommt es auf mich zu, der Zweifel, die Frage, das Rätsel. Und immer pendelt sich das aus zu beider Gunsten. Der Stein bleibt Stein und ich werde müde. Eine seltene Müdigkeit.

Nach der Bearbeitung des Textes

Straßen des Hasses.

Nur ein Wort, das wechselt! Dein Mund geht auf, er geht zu! Gebückt und aufrecht, wie du stehst, so denkst du!

Wandernde Wolken und Wind, der durch die Ferne geht. Und Einsamkeit mit den starken Gesichtern der Menschen.

Wo du am Meer stehst, wo du es fasst, wo es durch deine Finger rinnt, kalt, stark, wild – wie Natur! Totenhaus – nimmermüdes Wort! Straßen mit Spuren! – Leben mit Wärme!

Ein Zauberkünstler müsste her. Es ist alles Zauberwerk. Zu viel für mich. Ich fasse nicht das Geringste. Wie eine Wand ist das vor mir. Überall, wo ich mich hinwende, kommt es auf mich zu: der Zweifel, die Frage, das Rätsel.

Und immer pendelt sich das aus zu beider Gunsten!

Der Stein bleibt Stein und ich werde müde. Eine seltene Müdigkeit.

25. Januar 1963 (Fortsetzung vom Vortag)

... Eine seltene Müdigkeit, die mehr ist als ein Wort, als das Bild des Schlafenden, des Toten. Die darüber steht wie die Sonne über der verbrannten Erde, hoch am Himmel, tief am Boden. Und doch schlafen, sich entfernen aus dem großen Getriebe. Alles reduzieren. Zu viele Zahlen sind auf der Welt und zu viel der Toten, die unbegraben im Haus liegen. Spielzeuge aus kaltem Fleisch, das fleckig ist und starr. Zu viele Flecken, die meine Augen blenden, zu viel Gesang der Menschheit um ihre Liebe. Ich möchte einsam sein, abseits irgendwo mit Steinen und Wasser und Sonne. Und des Nachts schwarze Fläche mit hellen Punkten und Tönen in der Luft. Dann atme freies Leben, dann danke Gott.
Wie die Tage vergehen. Minuten, die ich schrieb, beinahe spurlos verschwunden. Ausgelöscht, verweht, aber da gewesen. Dann, wenn du rechnest mit den Zahlen, findest du die Summe. Sie tun sich zusammen. Die Spuren sind gerechnet. Die Mathematik hat diese Spur der Straße, an deren Ende das weiße Totenhaus steht unter blauem Himmel. Branntest du jemals dein Fleisch bis zum Schmerz? Und schriest du? Du spürst den Tod? In diesen Minuten kannst du ihn nicht erwarten. Male doch sein Bild, die Gestalt in Schwarz mit Zylinder. Tod und du. Finger im

Schnee, die zum Schwur erhoben sind. Hat er Augen? Und wenn es kein Licht gäbe? Wie gefiele dir das Hautauge? Aber nein. Große Fläche am Morgen. Große Fläche hat die Sonne. Im Tag liegt Potenz. Der Tag ist eine Wiese, auf der die Menschen weiden. Grüne Fläche, die wie im Sprung zur Natur steht. Weil ich Grün liebe, Rot und Blau, dazu haben sie mir die Augen gegeben. Weit zurück in meinem Leben liegt die Kubik. Diese entleerte ich mit Gewalt. Sie warf ich hinaus ohne Grund. Ich wagte es einfach nicht, ihnen den Grund zu sagen. Ich hatte Angst. Die habe ich heute noch. Eine Spannung. Ich fürchte den Krieg. Sie standen in der Kubik, wie ich es wollte, meine Freunde, die Zahlen, ich zählte sieben. Sehen Sie das Wasserrad? Wie es sich dreht, so dachte ich. Meine Fragen plätscherten in den Wind, die Erde blühte und starb. Die Wände der Kubik stehen heute noch. Glauben Sie nicht, dass sie identisch mit dem Totenhaus ist. Zur Kubik führt kein Weg. Sie liegt abseits. Nie kommt ein Mensch dorthin. Nur in den Träumen oder in den Gedanken der quälenden Stunden bist du dort und schaust, wie seltsam die Welt ist. Das Totenhaus liegt fern in einer Wüste. Das Totenhaus Nr. 2 ist ein öffentliches Gebäude. Dort ist an Festtagen geflaggt in Landesfarben, halb grün, ganz gelb und rot und mit

Wind, der die Tücher schlägt und die Töne herunterträgt in die Ohren der Ortschaft.
Hast du die Kubik gesehen?

<u>Nach der Bearbeitung des Textes</u>

… Eine seltene Müdigkeit, die mehr ist als ein Wort, als das Bild des Schlafenden, des Toten. Die darüber steht wie die Sonne über der verbrannten Erde, hoch am Himmel, tief am Boden. Und doch Schlafen, Sich-Entfernen aus dem großen Getriebe, alles reduzieren. Zu viele Zahlen sind auf der Welt und zu viel der Toten, die unbegraben im Haus liegen – Spielzeuge aus kaltem Fleisch, das fleckig ist und starr. Zu viele Flecken, die meine Augen blenden. Zu viel Gesang der Menschheit um ihre Liebe. Ich möchte einsam sein, abseits irgendwo mit Steinen und Wasser und Sonne. Und des Nachts schwarze Fläche mit hellen Punkten und mit Tönen in der Luft.

Dann atme freies Leben, dann danke Gott!

Wie die Tage vergehen! Minuten, die ich schrieb, beinahe spurlos verschwunden. Ausgelöscht, verweht – aber da gewesen.

Dann, wenn du rechnest mit den Zahlen, findest du die Summe!

Sie tun sich zusammen? Die Spuren sind gerechnet? Die Mathematik hat diese Spur der Straße, an deren Ende das weiße Totenhaus steht unter blauem Himmel? Branntest du jemals dein Fleisch bis zum Schmerz? Und schriest du? Du spürst den Tod?

In diesen Minuten kannst du ihn nicht erwarten! Male doch sein Bild!

Die Gestalt in Schwarz mit Zylinder?

Tod und du!

Finger im Schnee, die zum Schwur erhoben sind. – Hat er Augen? Und wenn es kein Licht gäbe?

Wie gefiele dir das Hautauge?

Aber nein! Große Fläche am Morgen. Große Fläche hat die Sonne. Im Tag liegt Potenz! Der Tag ist eine Wiese, auf der die Menschen weiden. Grüne Fläche, die wie im Sprung zur Natur steht. Weil ich Grün liebe, Rot und Blau, dazu haben sie mir die Augen gegeben!

Weit zurück in meinem Leben liegt die Kubik. Diese entleerte ich mit Gewalt. Sie warf ich hinaus ohne Grund. Ich wagte es einfach nicht, ihnen den Grund zu sagen. Ich hatte Angst. Die habe ich heute noch. Eine Spannung. Ich fürchte den Krieg. Sie standen in der Kubik ...

Wie ich es wollte!

... meine Freunde, die Zahlen, ich zählte sieben.

Sehen Sie das Wasserrad? Wie es sich dreht, so dachte ich. Meine Fragen plätscherten in den Wind. Die Erde blühte und starb. Die Wände der Kubik stehen heute noch. Glauben Sie nicht, dass sie identisch mit dem Totenhaus ist! Zur Kubik führt kein Weg, sie liegt abseits. Nie kommt ein Mensch dorthin. Nur in den Träumen oder in den Gedanken der quälenden Stunden bist du dort und schaust, wie seltsam die Welt ist. Das Totenhaus aber liegt fern in einer Wüste. Das Totenhaus Nr. 2 ist ein öffentliches Gebäude. Dort ist an Festtagen geflaggt in Landesfarben, halb grün, ganz gelb und rot und mit Wind, der die Tücher schlägt und die Töne herunterträgt in die Ohren der Ortschaft.

Hast du die Kubik gesehen?

<u>26. Januar 1963 (Fortsetzung vom Vortag)</u>

Wie könntest du. Mein Spruch: Ich beschreibe sie nicht, eher, dass sie mich beschreibt. Angeregt sind wir, der hungrige Magen ersehnt Essen. Doch wer beschreibt dieses Gebilde am Meer? Ein Kind vielleicht? Hole ich eines der vielen Kinder am Strand, direkt aus der Sonne? Ich wage das nicht. Millionen leben nun am Meer.

<u>Nach der Bearbeitung des Textes</u>

Wie könntest du?!

Mein Spruch: Ich beschreibe sie nicht, eher, dass sie mich beschreibt. Angeregt sind wir, der hungrige Magen ersehnt Essen. Doch wer beschreibt dieses Gebilde am Meer?

Ein Kind vielleicht?

Hole ich eines der vielen Kinder am Strand, direkt aus der Sonne? Ich wage das nicht. Millionen leben nun am Meer.

27. Januar 1963

Weites Licht, schleierhaft, wogt, zieht, quillt, quirlt, wirbelt. Wie Gedanken des Menschen, von vielen Händen getrieben, durch vieles verursacht. Darüber die Fläche, Weite, Blumen, zylindrische, ovale. Die Flächen waren verspannt. Zarte Stricke pendeln durch die Luft, die weht eine Zeit, die gebiert die Abstände. Ach, wohin sind meine Zahlen? Sie zogen sich zurück. Sehe ich sie? Wünsche sind es, Träume ohne Materie, leicht wie der Wind und schnell wie der Blitz. Nun sind sie fort. Augenblicke sind da, wo ich sage, was habe ich mit den Zahlen zu tun. Sie berühren mich nicht. Ich schicke sie wie das Gleichgültige zum Teufel.

Das Licht der Ebene. Darin liegt der Sinn. Kontraste arbeiten sich heraus. Das Prinzip stammt von Gott. Wie das Licht die Welt umflutet. Dabei sind die Menschen blind. Wozu wächst der Wein und wozu geht die Sonne?
Die Fläche ist noch unbeschritten. Vor dem ersten Schritt beraten sich viele. Pläne werden ausgearbeitet. Und mit dem Plan binden sie dann ihre Augen zu und tragen die alte Welt in die Neue und machen sie dadurch nur älter. Sie gebären die Kinder als Leichen, weil sie gottlos und ohne Liebe sind. Ist das eine Schwäche im Men-

schen, die verziehen wird? Sie töten sich. Das ist Sünde.
Ich sage, das Licht ist auf der Erde. Daraus steche ich die Formen, die von Punkt zu Punkt, von X zu Y vorangehen und zurückgehen. Hören mal einen Gedanken. Gaukeln die Bilder auf dem Jahrmarkt in bunter Fülle. Das ist Nebeneinander, das ist nicht nebeneinander.

<u>Nach der Bearbeitung des Textes</u>

Weites Licht, schleierhaft, wogt, zieht, quillt, quirlt, wirbelt – wie Gedanken des Menschen, von vielen Händen getrieben, durch vieles verursacht. Darüber die Fläche. Weite, Blumen, zylindrische, ovale.

Die Flächen waren verspannt!

Zarte Stricke pendeln durch die Luft. Die weht eine Zeit.

Die gebiert die Abstände!

Ach, wohin sind meine Zahlen?

Sie zogen sich zurück!

Sehe ich sie?

Wünsche sind es, Träume ohne Materie: leicht wie der Wind und schnell wie der Blitz!

Nun sind sie fort. Augenblicke sind da, wo ich sage, was habe ich mit den Zahlen zu tun. Sie berühren mich nicht. Ich schicke sie wie das Gleichgültige zum Teufel.

Das Licht der Ebene – darin liegt der Sinn! Kontraste arbeiten sich heraus! Das Prinzip stammt von Gott!

Wie das Licht die Welt umflutet! Dabei sind die Menschen blind! – Wozu wächst der Wein und wozu geht die Sonne?

Die Fläche ist noch unbeschritten!

Vor dem ersten Schritt beraten sich viele. Pläne werden ausgearbeitet. Und mit dem Plan binden sie sich dann ihre Augen zu und tragen die alte Welt in die Neue und machen sie dadurch nur älter. Sie gebären die Kinder als Leichen, weil sie gottlos und ohne Liebe sind. Ist das eine Schwäche im Menschen, die verziehen wird?

Sie töten sich! Das ist Sünde!

Ich sage, das Licht ist auf der Erde! Daraus steche ich die Formen, die von Punkt zu Punkt, von X zu Y vorangehen und zurückgehen. Hören mal einen Gedanken. Gaukeln die Bilder auf dem Jahrmarkt in bunter Fülle.

Das ist ein Nebeneinander, das ist nicht nebeneinander!

29. Januar 1963

Dein Lächeln ist nicht viel, das Gesicht wie ein Motor, wie eine Maschine. Sie arbeitet unermüdlich. Ich frage, wofür nur. Dann möchte ich aber gleich wieder miterfahren, wo meine Zahlen sind, die unverstandenen Zahlen, die ungeteilten.
Weil du lächelst, liebe ich dich, weil du weinst, arme Natur.
Bewegtes Fleisch, warm, gespannt. Was du wohl denkst. So schaue zur Fläche. Sie hat sich gewandelt. Ihr grober Mechanismus ist anders. Viele Punkte hast du nie erfahren, viele hast du nicht gewollt. Überhaupt, wann standest du zur Fläche? Hatte sie Lichter, helle Punkte? Sie versperrt vielen die Freiheit. Sie ist ein gutes Baumaterial für Gefängnisse, für die Einrichtungen, die Menschen den Ausgang in die Welt verwehren, die sie zwingen, ihr Leben in bestimmten Umständen zu verbringen. Dazu ist die Fläche gut. Aber sie kann das Tor in die Freiheit werden, wie der Mond, wie die Zeit und wie die Erde. Wohin geht dein Herz? Wohin will es gehen? Die Straße in die Freiheit? Dieses Wort, wie ein altes Kleid. Frei sein, frei leben, gibt es das? Deine Arbeit geht weiter. Analysen. Symbole. Zwei Dinge, das Ich und das Es. Wir atmen zusammen. In Fläche, die atmet.

Höre. So teile doch. Zwei Flächen. Deine Zahlen, wie sie dich verfolgen, sie laufen deinem Gehirn nach und martern es. Und teile.

Sie kommen zu keinem Ende. Was wäre auch ein Ende. Die Spuren sind ewig. Die Räder schleiften über die Straße und brachten Fuhre um Fuhre ins Totenhaus. Lauter schöne Leichen aus einer schönen Zeit. Ungeteilt waren sie. Selbst ihre Seele lag noch bei ihnen. Ihre Seele war das Schönste. Sie steckte am Hemd wie eine Blume im Knopfloch. Alle hatten diese Seele. Sie gehört zur Straße wie die Spur der Sonne, wie das Licht, das uns bewegt.

Woher aber kamen die Leichen, die man aufbahrte, das Fleisch, die Knochen, das Mineral? Lebten sie auf der Fläche unter der Fläche? Waren sie in der Kubik gewesen? Was hatten sie mit ihren Gedanken gemacht? Den Hunger gespürt. Nun, als Wächserne, hatten sie alles vergessen.

Oh singe, Fläche. Zeige den Menschen, wie du lebst. Zeige den Menschen deine Größe und deine unvorstellbare Pracht, deine Ordnung. Du bist ein einfaches Wort. Sie nennen dich mit einem einfachen Wort. Aber kennen sie dich? Kennst du sie?

Die Fläche liegt in großem Wettstreit mit uns. Haben wir ihr etwas voraus? Punkte sind's, kleine, schöne Punkte, die klingen, die singen, Punkte wie Ballons mit Gas, die in die Luft steigen und vom Wind getragen weit fort über die Erde gaukeln, mal rauf, mal runter.

Wo ist die Liebe? Lieben die Punkte untereinander? Punktförmige Liebe. Adhäsion, sie stürzen zusammen.

Als der Feind kam, zogen sich die Bewohner der Ortschaft in die Befestigung zurück und verschanzten sich. Ihrer Klugheit verdankten sie ihr Leben. Ja, singe, Kugel, silberne, die dem Auge entgeht, von deiner Freiheit, singe von deinem Fall, vom Wind, der an den Berghängen hochzieht, von den Wolken, die mit so großem Blick über die Länder gehen, und singe von der Ruhe, singe von der Ordnung, mit der alles abläuft.

Nach der Bearbeitung des Textes

Dein Lächeln ist nicht viel. Das Gesicht wie ein Motor, wie eine Maschine. Sie arbeitet unermüdlich. Ich frage, wofür nur. Dann möchte ich aber gleich wieder miterfahren, wo meine Zahlen sind, die unverstandenen Zahlen, die ungeteilten.

Weil du lächelst, liebe ich dich – weil du weinst, arme Natur!

Bewegtes Fleisch, warm, gespannt!

Was du wohl denkst!

So schaue doch zur Fläche, sie hat sich gewandelt! Ihr grober Mechanismus ist anders!

Viele Punkte hast du nie erfahren, viele hast du nicht gewollt! Überhaupt, wann standest du zur Fläche?!

Hatte sie Lichter, helle Punkte? Sie versperrt vielen die Freiheit! Sie ist ein gutes Baumaterial für Gefängnisse, für die Einrichtungen, die Menschen den Ausgang in die Welt verwehren, die sie zwingen, ihr Leben in bestimmten Umständen zu verbringen! Dazu ist die Fläche gut.

Aber sie kann das Tor in die Freiheit werden!

Wie der Mond, wie die Zeit und wie die Erde!

Wohin geht dein Herz? Wohin will es gehen? Die Straße in die Freiheit?

Dieses Wort, wie ein altes Kleid! Frei sein, frei leben – gibt es das?

Deine Arbeit geht weiter: Analysen, Symbole!

Zwei Dinge, das Ich und das Es!

Wir atmen zusammen!

In Fläche, die atmet?

Höre!

So teile doch! Zwei Flächen! ...

Deine Zahlen, wie sie dich verfolgen! Sie laufen deinem Gehirn nach und martern es!

... Und teile! Sie kommen zu keinem Ende! Was wäre auch ein Ende? Die Spuren sind ewig! Die Räder schleiften über die Straße und brachten Fuhre um Fuhre ins Totenhaus. Lauter schöne Leichen aus einer schönen Zeit. Ungeteilt waren sie. Selbst ihre Seele lag noch bei ihnen. Ihre Seele war das Schönste. Sie steckte am Hemd wie eine Blume im Knopfloch. Alle hatten diese Seele. Sie gehört zur Straße wie die Spur der Sonne, wie das Licht, das uns bewegt!
Woher aber kamen die Leichen, die man aufbahrte, das Fleisch, die Knochen, das Mineral? Lebten sie auf der Fläche unter der Fläche? Waren sie in der Kubik gewesen? Was hatten sie mit ihren Gedanken gemacht? Den Hunger gespürt? Nun, als Wächserne, hatten sie alles vergessen.

Oh singe, Fläche! Zeige den Menschen, wie du lebst! Zeige den Menschen deine Größe und deine unvorstellbare Pracht, deine Ordnung! Du bist ein einfaches Wort. Sie nennen dich mit einem einfachen Wort. Aber kennen sie dich?

Kennst du sie? Die Fläche liegt in großem Wettstreit mit uns! Haben wir ihr etwas voraus? Punkte sind's!

Kleine, schöne Punkte, die klingen, die singen!

Punkte wie Ballons mit Gas, die in die Luft steigen und, vom Wind getragen, weit fort über die Erde gaukeln, mal rauf, mal runter!

Wo ist die Liebe?

Lieben die Punkte untereinander? – Punktförmige Liebe! Adhäsion! Sie stürzen zusammen! Als der Feind kam, zogen sich die Bewohner der Ortschaft in die Befestigung zurück und verschanzten sich. Ihrer Klugheit verdankten sie ihr Leben!

Ja singe, Kugel, silberne, die dem Auge entgeht, von deiner Freiheit, singe von deinem Fall, vom Wind, der an den Berghängen hochzieht, von den Wolken, die mit so großem Blick über die

Länder gehen! Und singe von der Ruhe, singe von der Ordnung, mit der alles abläuft!

31. Januar 1963

Vom Totenhaus kommt der Geruch zu mir herüber. Ich finde ihn nicht rein. Zusätze aus Winternacht und Kälte ändern ihn. Doch ich bin träge und bereit, auch dieses zu nehmen, wie es ist. Und ich vergesse die Zeit, den Augenblick, da dieses geschieht. Sollte ich das beschreiben? Trennen zwischen Punkten? Ach, die Zahlen, die mich verfolgen. Es pendeln die Sekunden die Ewigkeit aus. Sie sind aufgehängt. Die Ewigkeit. Springt im Totenhaus ein Sarg, weint im Totenhaus die Leiche, brennt im Totenhaus die Kerze.
Das Symbol des Hauses war die Kubik der Streichholzschachtel, die der Maschine, die der Arbeiter.
Nimm das Bild der Sonne. Eine Kugel, eine Theorie, die Strahlen ausschickt. Sie divergieren. Aber sie konvergieren. Sie strahlt zurück. Ich werfe den Stein. Ich glaube ihn fort. Da ist er geblieben, nicht ganz, eine geringe Einheit, sein Wesen, sein Bild blieb in meinem Herzen. Da sind die Gehirne gewachsen.

Nach der Bearbeitung des Textes

Vom Totenhaus kommt der Geruch zu mir herüber. Ich finde ihn nicht rein. Zusätze aus Winternacht und Kälte ändern ihn. Doch ich bin träge und bereit, auch dieses zu nehmen, wie es ist. Und ich vergesse die Zeit, den Augenblick, da dieses geschieht. Sollte ich das beschreiben? Trennen zwischen Punkten? Ach, die Zahlen, die mich verfolgen. Es pendeln die Sekunden die Ewigkeit aus.

Sie sind aufgehängt!

Die Ewigkeit?! Springt im Totenhaus ein Sarg?! Weint im Totenhaus die Leiche?! Brennt im Totenhaus die Kerze?! Das Symbol des Hauses war die Kubik der Streichholzschachtel, die der Maschine, die der Arbeiter!

Nimm das Bild der Sonne!

Eine Kugel, …

Eine Theorie!

… die Strahlen ausschickt. Sie divergieren!

Aber sie konvergieren!

Sie strahlt zurück?! Ich werfe den Stein. Ich glaube ihn fort – da ist er geblieben?!

Nicht ganz!

Eine geringe Einheit, sein Wesen, sein Bild blieb in meinem Herzen. – Da sind die Gehirne gewachsen!

1. Februar 1963

Sie kommen. Starke Mauer, verdunkelter Himmel. Ein Kreis, von dessen Peripherie zur Spitze kugelig die Blende.
Sie gehen, sie marschieren, sie singen, immer am Totenhaus vorbei. Seltene Gesichter, aus Stein vielleicht. Hart sind sie ja. Und darin ist es wie der Tod. Schicksal für viele.
Dann fallen sie, wie es im Wald fiel. Hundert Meter hoch standen die Bäume, tief in der Erde, hoch im Himmel. Der schwarze Himmel hat helle Punkte. Sie leuchten. Meine Zahlen sind's, die da leuchten, meine schön angezogenen Zahlen. Dicht beieinander liegen sie, denn nur wenig wende ich den Kopf, kaum nur wandern meine Augen. Greifbar nahe. Ja, greife. Lass deine Finger in den Himmel gehen. Lass sie alles herunterholen. Aus purem Licht in dunkler Nacht. Sie erregen mein Gemüt, fesseln meine Aufmerksamkeit, sie nehmen mich gefangen. Doch wie? Zahlen, sagte ich, oder Sterne? Ist's nicht gleich? Man braucht dafür keinen Himmel. Die Reihenfolge genügt. Ich spreche sie an. Ich lebe im Totenhaus. Sie sprechen mit einem alten Freund. Träfen sie mich nur naiv, wie könnte ich sie bewundern, wie begeistern. Jetzt sind sie Geschäft, das ich zum Leben brauche. Zahlen, Figuren, die ihren Platz haben, die nur auf ihre endgültige

Reihenfolge warten. Ja, geordnet werden müssen sie, von Eins beginnend.
Lass mich nachdenken. Nein, eine Form gab ich ihnen nie, auch nicht rund, nicht oval. Aber ich schaue sie an. Es ist etwas zwischen uns. So die Sonne. Du liebst sie. Müdes Wort. Sie zieht dich an, sie vertreibt dich, du ignorierst sie. Kräfte wirken da. Was ist Liebe. Du brauchst sie wie das Brot, wie das Wasser. Sie schenkt sich dir kostenlos. Indifferenter Zustand. Körper ganz leicht. Die Gedanken bei geschlossenen Augen. Sie gehen zurück ins Leben. Dann spürst du die Vergangenheit. Zähle, singe, multipliziere. Indifferenter Zustand der Nacht. Wärme ist in dir. Wärme verlässt dich, kommt zu dir. Pendel, Kraft. Fäden sind gesponnen zwischen den Flächen. Flächen sind gesponnen in die Nacht zur Treppe. Diese steigst du hinauf. Alte Gedanken, alte Bilder begleiten dich. Die streifst du ab, lässt andere kommen.

Nach der Bearbeitung des Textes

Sie kommen. – Starke Mauer, verdunkelter Himmel. Ein Kreis, von dessen Peripherie zur Spitze kugelig die Blende. – Sie gehen, sie marschieren, sie singen, immer am Totenhaus vorbei. Seltene Gesichter, aus Stein vielleicht. Hart sind sie ja. Und darin ist es wie der Tod. Schicksal für viele. – Dann fallen sie, wie es im Wald fiel. Hundert Meter hoch standen die Bäume, tief in der Erde, hoch im Himmel.

Der schwarze Himmel hat helle Punkte! Sie leuchten!

Meine Zahlen sind's, die da leuchten, meine schön angezogenen Zahlen. Dicht beieinander liegen sie, denn nur wenig wende ich den Kopf, kaum nur wandern meine Augen. Greifbar nahe.

Ja, greife! Lass deine Finger in den Himmel gehen, lass sie alles herunterholen!

Punkte aus purem Licht in dunkler Nacht. Sie erregen mein Gemüt, fesseln meine Aufmerksamkeit, sie nehmen mich gefangen. Doch wie? Zahlen, sagte ich – oder Sterne? Ist's nicht gleich? Man braucht dafür keinen Himmel. Die Reihenfolge genügt. Ich spreche sie an: „Ich lebe im Totenhaus. Sie sprechen mit einem alten Freund." – Träfen sie mich nur naiv, wie könnte ich sie bewundern, wie begeistern. Jetzt sind sie Geschäft, das ich zum Leben brauche, Zahlen, Figuren, die ihren Platz haben, die nur auf ihre endgültige Reihenfolge warten.

Ja!

Geordnet werden müssen sie, von Eins beginnend. – Lass mich nachdenken!

Nein!

Eine Form gab ich ihnen nie, auch nicht rund, nicht oval. Aber ich schaue sie an. Es ist etwas zwischen uns, wie bei der Sonne.

Du liebst sie!

Müdes Wort!

Sie zieht dich an, sie vertreibt dich, du ignorierst sie!

Kräfte wirken da. Was ist Liebe?

Du brauchst sie wie das Brot, wie das Wasser! Sie schenkt sich dir kostenlos!

Indifferenter Zustand. Körper ganz leicht. Die Gedanken bei geschlossenen Augen, sie gehen zurück ins Leben.

Dann spürst du die Vergangenheit!

Zähle, singe, multipliziere. Indifferenter Zustand der Nacht.

Wärme ist in dir! Wärme verlässt dich, kommt zu dir!

Pendel!

Kraft!

Fäden sind gesponnen zwischen den Flächen. Flächen sind gesponnen in die Nacht zur Treppe.

Diese steigst du hinauf! Alte Gedanken, alte Bilder begleiten dich. Die streifst du ab, lässt andere kommen!

2. Februar 1963 (Fortsetzung vom Vortag)

… zur Treppe, die aus Flächen zusammengesetzt wurde. Ich nehme sie einmal konfus. Ach ja, der Himmel mit seinen hellen Punkten lässt eine Ordnung erkennen. Er hat Ruhe, er hat auch Bewegung, wenn ich falle. Dann ändern sich die Grenzen. Wenn ich falle, läuft die Welt durcheinander.

Was erdachten die Baumeister der Treppe, die in die Höhe führt? Wollten sie den Raum erobern? Warum schufen sie die Treppe? Aber sie schufen keine Treppe, sie ahmten nur nach. Alles in der Welt läuft auf vorgezeichneten Bahnen. Sie bauen die Brücke und zerstören sie, damit sie keine Brücke mehr ist. Sie zerstören die Häuser und die Menschen, damit diese nicht mehr sind. Sie fürchten das Leben, weil es sie bedroht. So konfus ist alles.

Da warte ich vor den Flächen, die ich einst beschrieb, deren Farben aber meinem Gedächtnis wieder entfallen sind. Nur Ideen sind's, die in mein Gehirn kommen, Bilder, die versuchen, anders zu sein als das Natürliche. Die Baumeister der Treppe sind keine Baumeister. Ich sehe sie als Dinge in der Welt der Dinge mit ganz bestimmten Eigenschaften. Sie sehen den Stein, heben ihn mit ihren Muskeln und schichten ihn mit anderen zu einer Mauer, die wie der Fels den kalten Wind abhält und Schutz bringt vor Regen und anderem Unwetter. Sie bauen Treppen in die Höhe, und einer baut sie größer als der andere. Weil einer stärker ist als der andere, sind seine Steine schwerer und sein Haus größer.

Aber es ist alles konfus.

Ein Wind ist in einem großen Wald und bewegt die Blätter. Im Halbdunkel der vielen Schatten ist ab und zu ein heller Punkt auf dem Moos. Kleines Leben auf den Bäumen, und es pfeift und raschelt von überall her. Nur kleine Töne, die zueinander passen. So wie in der Stube einer alten Frau, wo die große Wanduhr ihren Schlag im Plüsch begräbt, wo Figürchen und Kästchen alte Schränke zieren.

Flächen aus grausem Nichts.

Nach der Bearbeitung des Textes

Zur Treppe, die aus Flächen zusammengesetzt wurde? Ich nehme sie einmal konfus.

Ach!

Ja! – Der Himmel mit seinen hellen Punkten lässt eine Ordnung erkennen. Er hat Ruhe, er hat auch Bewegung. Wenn ich falle, dann ändern sich die

Grenzen. Wenn ich falle, läuft die Welt durcheinander. – Was erdachten die Baumeister der Treppe, die in die Höhe führt? Wollten sie den Raum erobern? Warum schufen sie die Treppe?

Aber sie schufen keine Treppe, sie ahmten nur nach! Alles in der Welt läuft auf vorgezeichneten Bahnen!

Sie bauen die Brücke und zerstören sie, damit sie keine Brücke mehr ist! Sie zerstören die Häuser und die Menschen, damit diese nicht mehr sind! Sie fürchten das Leben, weil es sie bedroht! So konfus ist alles!

Da warte ich vor den Flächen, die ich einst beschrieb, deren Farben aber meinem Gedächtnis wieder entfallen sind. Nur Ideen sind's, die in mein Gehirn kommen, Bilder, die versuchen, anders zu sein als das Natürliche. Die Baumeister der Treppe sind keine Baumeister. Ich sehe sie als Dinge in der Welt der Dinge, mit ganz bestimmten Eigenschaften. Sie sehen den Stein, heben ihn mit ihren Muskeln und schichten ihn mit anderen zu einer Mauer, die wie der Fels den kalten Wind abhält und Schutz bringt vor Regen und anderem Unwetter. Sie bauen Treppen in die Höhe, und einer baut sie größer als der andere. Weil einer stärker ist als der andere, sind seine Steine schwerer und sein Haus größer. – Aber es ist alles konfus!

Ein Wind ist in einem großen Wald und bewegt die Blätter. Im Halbdunkel der vielen Schatten ist ab und zu ein heller Punkt auf dem Moos. Kleines Leben auf den Bäumen, und es pfeift und raschelt von überall her. Nur kleine Töne, die zueinander passen! So, wie in der Stube einer alten Frau, wo die große Wanduhr ihren Schlag im Plüsch begräbt, wo Figürchen und Kästchen alte Schränke zieren!

Flächen aus grausigem Nichts!

5. Februar 1963

Kristallische Nacht. Wie sie glitzert! Alles kleine Lämpchen. Millimetergroß. So groß wie ein Punkt. Tausend Punkte. Nein, ich zähle sie nicht. Reflexe ohne Töne. Ob sie vom Himmel gefallen sind?
Stehe ich da in der Mitte wie ein Bild und betrachte mich. In der Nacht. Mein Blut strömt wie die Sonne im fernen Land, wie der Fluss.
Ich hatte Fäden gezogen von Fläche zu Fläche, von Punkt zu Punkt. Nun ist die Nacht kristallen, eine große Vase, ein Kunstwerk aus dem Zwergenstaat. Ein Zwergenvolk hat daran gearbeitet. Hell. Dunkel. Ich wende mich aus der Nacht. Und der Glanz fängt mich wie im Spiel. Ich frage mich, woher das Licht kommt, aber ich finde nichts. Ich gebe auf, die Quelle zu suchen, und bewundere die Ausführung.
Man nennt sie die Nacht der Totengräber, der Menschen, die tote menschliche Körper beiseiteschaffen. In dieser Nacht ist eigentlich nichts anders, nur, dass sie diesen Namen hat.

Figuren sind im Schnee am Boden. Fest sind sie eingetreten von schweren Stiefeln. Ihre Ränder hart gefroren. Meine Hände tasten ihre Form, erfühlen die Tiefe und das Material.

Kristalle, die der Himmel brachte. Ich höre das Kind im Morgen, wie es singt, wie es betet zum lieben Gott. Ich höre die Kristalle, wie ihre Flächen reiben, und den Klang ihres Glanzes. Wo Totenhäuser stehen, ist keine Änderung, das Meer ist nicht anders und der Wind ist gleich.
Oh, spiele doch! Schaue doch, was vor dir liegt! Du hast zu wenig Augen, um alles zu fassen, und zu wenig Herz, um alles zu fühlen. Weißt du, dass du lebst?

<u>Nach der Bearbeitung des Textes</u>

Kristallische Nacht! Wie sie glitzert!

Alles kleine Lämpchen, millimetergroß, so groß wie ein Punkt. Tausend Punkte ...

Nein!

Ich zähle sie nicht. Reflexe, ohne Töne.

Ob sie vom Himmel gefallen sind?!

Stehe ich da in der Mitte, wie ein Bild, und betrachte mich in der Nacht. Mein Blut strömt wie die Sonne im fernen Land ...

Wie der Fluss!

Ich hatte Fäden gezogen von Fläche zu Fläche, von Punkt zu Punkt. Nun ist die Nacht kristallen, eine große Vase, ein Kunstwerk aus dem Zwergenstaat. Ein Zwergenvolk hat daran gearbeitet.

Hell! – Dunkel!

Ich wende mich aus der Nacht – und der Glanz umfängt mich, wie im Spiel. Ich frage mich, woher kommt das Licht. Aber ich finde nichts. Ich gebe auf, die Quelle zu suchen, und bewundere die Ausführung. – Man nennt sie die Nacht der Totengräber, der Menschen, die tote menschliche Körper beiseiteschaffen. In dieser Nacht ist eigentlich nichts anders, nur dass sie diesen Namen hat.

Figuren sind im Schnee am Boden. Fest sind sie eingetreten von schweren Stiefeln, ihre Ränder hart gefroren. Meine Hände tasten ihre Form, erfühlen die Tiefe und das Material.

Kristalle, die der Himmel brachte!

Ich höre das Kind im Morgen, wie es singt, wie es betet zum lieben Gott. Ich höre die Kristalle, wie ihre Flächen reiben, und den Klang ihres Glanzes:

„Wo Totenhäuser stehen, ist keine Änderung. Das Meer ist nicht anders und der Wind ist gleich!"

Oh, spiele doch! Schaue doch, was vor dir liegt! Du hast zu wenig Augen, um alles zu fassen, und zu wenig Herz, um alles zu fühlen! Weißt du, dass du lebst?!

6. Februar 1963

Warum zögere ich? Wo ist das erste Wort und das letzte? Ist es der Zufall? So, wie die Bombe explodiert, wenn sie gezündet wird, so kommen die Gedanken, unwiderruflich. Ich bemühe mich, mir eine Sache vorzustellen und sie dann zu behandeln, aber anders, als ich es ohne Nachdenken tun würde. Ich versuche, den Strom der reflexhaften Vorstellungen, die beim Anklingen eines Wortes, eines Reizes folgen, zu unterbrechen und mich ganz intensiv und isoliert mit der Vorstellung zu beschäftigen. Ich versuche, genau zu beschreiben, wie ich zum Gegenstand stehe. Also, wenn ich einen Menschen sehe, werde ich nicht an Kleidung denken, nicht an Kopf, Körper, Beine, Augen. Ich möchte den Menschen in seinem Zusammenhang mit der Welt beschreiben, wobei die einzelnen Beziehungen, Abhängigkeiten der Kern der Sache sind. Beziehungen sind die Wechselverhältnisse zwischen Ding und Ding, sind die Verschiedenheit, die Unterscheidung. Denn das Wesentliche der Welt ist doch, dass es Unterschiede gibt, dass wir nicht homogen sind. Das wäre ein Witz. Denn ein homogenes System ist nicht da, ist gar nicht lebensfähig, ist ein Widerspruch in sich selbst. In einem homogenen System gibt es keine zwei Dinge, keine zwei Punkte, weil zwischen den zwei angenommenen

Punkten kontinuierlich weitere „Punkte" liegen müssten. Grob gesagt, grob anschaulich ist Wasser für uns homogen, für die Wissenschaft natürlich nicht. Eine Homogenität schließt die Unterscheidung, das Sein aus.

Rufe ich doch. Ach, nur, wen rufe ich? Spring, hebe das Bein, fall in die Nacht, über das Bein! Ja, ja, so. Sie tanzen, die Zahlen. Mein Glück tanzt in der Nacht, in dem Nichts, in der Ruhe. Wie lieblich es geht. Hoch das Bein, fall in die Nacht, über das Bein, fall, fall!
Und nun ist der Spuk vorbei. Ich stehe hier ohne Gedanken, ohne Material. Ein Bettler, der lange nichts mehr gegessen hat, der gierig ist nach einem faulen Fisch im Hafenbecken.
Ich schließe die Augen und rufe die andere Welt, rufe mich, der tausendmal über eine Straße gegangen ist, der schon eine lange Zeit in einem Getriebe ist, das seine Spuren in sein Fleisch gegraben hat. Ich rufe die Kubik, die imaginäre Welt des Traumes, die Fantasie, die so viel Fehlendes ersetzt. Die Figuren des Traumes sind Realität für uns. Ob ich den Raum auf der Wiese erlebe oder im Traum, wo ist da ein Unterschied? Ich allein bleibe, nur die Beziehung zwischen uns ist in den beiden Fällen nicht gleich. Im ersten nämlich ist sie das reale Erleben, das primär Auslösende, also aus zwei getrennten Faktoren be-

stehend. Im zweiten Fall, im Traum, ist der auslösende Faktor mit dem reagierenden Faktor verschmolzen.

Springt es und hebt das Bein in die Nacht, die mich einsam findet. Hebt es gegen die Schwere. Lacht, wie ihr könnt, dass das Gelächter in die Welt geht, dass es sich vermehrt. Da ist der große dunkle Raum. So still ist das. Meine Augen sind müde. Holt sie alle her, die Zahlen, die Kubik, das Totenhaus, die Straße, die Särge, das Licht, holt es alles und breitet es vor mir aus, damit ich es betrachte. Aber wie es mich anekelt, und wie ich es liebe. Habe ich noch meine Ruhe?

An zwei Punkten tief im Raum wird gearbeitet. Mit dem Fernglas verfolge ich alles. Der Plan ist, die Welt auf zwei Punkte zu reduzieren, die durch das Nichts voneinander getrennt sind. Sie haben aber einen Fehler in diesem Plan. Wenn die Punkte durch nichts getrennt sind, sind es keine zwei Punkte mehr, ist es nur noch ein Punkt, machten sie also die Welt zu einem Punkt. Dann frage ich mich, was außerhalb dieses einen Punktes liegt. Liegt dort das Nichts? Wenn dort das Nichts liegt, können wir es nicht fassen.

Nach der Bearbeitung des Textes

Warum zögere ich? Wo ist das erste Wort und das letzte? Ist es der Zufall? So, wie die Bombe explodiert, wenn sie gezündet wird, so kommen die Gedanken, unwiderruflich.

Ich bemühe mich, mir eine Sache vorzustellen und sie dann zu behandeln, aber anders, als ich es ohne Nachdenken tun würde. Ich versuche, den Strom der reflexhaften Vorstellungen, die beim Anklingen eines Wortes, eines Reizes folgen, zu unterbrechen und mich ganz intensiv und isoliert mit der Vorstellung zu beschäftigen. Ich versuche, genau zu beschreiben, wie ich zum Gegenstand stehe. Also, wenn ich einen Menschen sehe, werde ich nicht an Kleidung denken, nicht an Kopf, Körper, Beine, Augen. Ich möchte den Menschen in seinem Zusammenhang mit der Welt beschreiben, wobei die einzelnen Beziehungen, Abhängigkeiten der Kern der Sache sind. Beziehungen sind die Wechselverhältnisse zwischen Ding und Ding, sind die Verschiedenheit, die Unterscheidung. Denn das Wesentliche der Welt ist doch, dass es Unterschiede gibt, dass wir nicht homogen sind. Das wäre ein Witz. Denn ein homogenes System ist nicht da, ist gar nicht lebensfähig, ist ein Widerspruch in sich selbst. In einem homogenen System gibt es keine zwei

Dinge, keine zwei Punkte, weil zwischen den zwei angenommenen Punkten kontinuierlich weitere „Punkte" liegen müssten. Grob gesagt, grob anschaulich ist Wasser für uns homogen, für die Wissenschaft natürlich nicht. Eine Homogenität schließt die Unterscheidung, das Sein aus.

–

Rufe ich doch! – Ach, wen rufe ich nur?

Spring, hebe das Bein! Fall in die Nacht, über das Bein! Ja, ja, so!

Sie tanzen, die Zahlen. Mein Glück tanzt in der Nacht, in dem Nichts, in der Ruhe.

Wie lieblich es geht: Hoch das Bein, fall in die Nacht, über das Bein, fall, fall!

Und nun ist der Spuk vorbei. Ich stehe hier ohne Gedanken, ohne Material – ein Bettler, der lange nichts mehr gegessen hat, der gierig ist nach einem faulen Fisch im Hafenbecken.
Ich schließe die Augen und rufe die andere Welt, rufe mich, der tausendmal über eine Straße gegangen ist, der schon eine lange Zeit in einem Getriebe ist, das seine Spuren in sein Fleisch ge-

graben hat. Ich rufe die Kubik, die imaginäre Welt des Traumes, die Fantasie, die so viel Fehlendes ersetzt. Die Figuren des Traumes sind Realität für uns. Ob ich den Raum auf der Wiese erlebe oder im Traum – wo ist da ein Unterschied? Ich allein bleibe, nur die Beziehung zwischen uns ist in den beiden Fällen nicht gleich. Im ersten nämlich ist sie das reale Erleben, das primär Auslösende, also aus zwei getrennten Faktoren bestehend. Im zweiten Fall, im Traum, ist der auslösende Faktor mit dem reagierenden Faktor verschmolzen.

Springt es und hebt das Bein in die Nacht, die mich einsam findet. Hebt es gegen die Schwere. – Lacht, wie ihr könnt, dass das Gelächter in die Welt geht, dass es sich vermehrt! – Da ist der große, dunkle Raum. So still ist das. Meine Augen sind müde. Holt sie alle her, die Zahlen, die Kubik, das Totenhaus, die Straße, die Särge, das Licht! Holt es alles und breitet es vor mir aus, damit ich es betrachte! Aber wie es mich anekelt, und wie ich es liebe! Habe ich noch meine Ruhe?!

An zwei Punkten tief im Raum wird gearbeitet. Mit dem Fernglas verfolge ich alles. Der Plan ist, die Welt auf zwei Punkte zu reduzieren, die durch das Nichts voneinander getrennt sind. Sie haben aber einen Fehler in diesem Plan. Wenn die Punkte durch nichts getrennt sind, sind es keine zwei Punkte mehr, ist es nur noch ein Punkt, machten sie also die Welt zu einem Punkt. Dann frage ich mich, was außerhalb dieses einen Punktes liegt. Liegt dort das Nichts? Wenn dort das Nichts liegt, können wir es nicht fassen.

<u>27. Februar 1963</u>

Dem Augenblick ist das versprochen,
damit er zu seinem Recht kommt,
herausgezirkelt aus dem Vielen,
für einen Augenblick belebt.

Hole ich denn die Magie,
der großen Natur Geheimnis,
in meine Dienste,
so sprich, und es wandle sich die Welt!

10. März 1963

An den Augenblick, der nicht so ist, wie ich ihn wünsche – oder an den Gegenstand, den ich suche, den ich aber noch nicht gefunden habe.

Mir fehlt die Lust zum Schreiben. Nach dem Datum wollte ich alles wegpacken. Was hält mich? Ich habe keine Ruhe. Der Tag ist kaputt. Ich bin herumgefahren, habe an den Straßen gestanden und im Auto gelernt, bin gefahren, Straße für Straße. Mal regnet es, mal scheint die Sonne. Immer habe ich kalte Füße und ein dumpfes Gefühl im Kopf. Ich wollte spazieren gehen. Beim Vorsatz blieb es. Die Ruhe fehlt. Ich wünsche mich weit fort, fort aus dem Getriebe. Immer vergesse ich in der Hast, mir die Welt anzusehen. Ich werde so oberflächlich. Ich rede, ich lache, ich träume, und das alles geht so automatisch, ohne meine Aufsicht. Wie beim Stein, den die Zeit tötet, den die Zeit in lauter Atome zerlegt, so nagen an mir die Sekunden und bauen mich ab. Und ich vergesse dann diesen Vorgang. Wenn er in meine Erinnerung kommt, bekomme ich einen Wutanfall (dass alles so anders ist, als ich es mir vorstelle). Und das ist nur durch meine Dummheit. Denn ich bin eine Kraft, die stark genug ist, Dinge zu ändern. Ich muss mich vorsehen, sonst bin ich tot, ohne den Unterschied zu merken.

11. März 1963

Immer bestaune ich das noch. Nun habe ich schon lange nicht mehr geschrieben, fast einen Monat nicht mehr. Doch finde ich noch die Freude daran von damals, und ich will fortfahren, die Welt aufzuzählen, jeden Punkt zu sehen, zu erzählen, ihn herauszuholen aus dem großen Chaos, als das uns bei Leichtlebigkeit die Welt erscheint.

Man gebe mir meine Fantasie und höre, wie aus dem Schlamm geboren eine Welt entsteht für den, der bereit ist zu beten, Ehrfurcht zu haben vor der Ordnung, vor dem Prinzip, das so viele wunderbare Dinge ins Leben gerufen hat.

Gehen viele Daten dahin, alle für sich etwas. Sie haben alle einen Menschen. Ach ja, den aus Fleisch, der sich warm anfühlt, dessen Herz schlägt. Und das tut die Uhr, und das tut der Reflex.

Im Sonnenlicht erneuert sich das Datum wie dein Mund, lieber Kamerad, der so unanständig ausspuckt, der am liebsten die ganze Welt zusammenfluchen möchte.

Reiter aus Zinn beherrschen meine Vorstellung. Kleine, die in den Kampf ziehen zum harten Männermorden, zum Schwerterklingen.

Rufe ich da nach meinen Zahlen, deren Beziehung zur Kubik so unsicher ist.

Nach der Bearbeitung des Textes

Immer noch bestaune ich das. Nun habe ich schon lange nicht mehr geschrieben, fast einen Monat nicht mehr. Doch ich finde noch die Freude daran von damals, und ich will fortfahren, die Welt aufzuzählen, jeden Punkt zu sehen, zu erzählen, ihn herauszuholen aus dem großen Chaos, als das uns bei Leichtlebigkeit die Welt erscheint. Man gebe mir meine Fantasie und …

Höre, wie – aus dem Schlamm geboren – eine Welt entsteht für den, der bereit ist zu beten, Ehrfurcht zu haben vor der Ordnung, vor dem Prinzip, das so viele wunderbare Dinge ins Leben gerufen hat!

Gehen viele Daten dahin, alle für sich etwas.

Sie haben alle einen Menschen!

Ach ja, den aus Fleisch, der sich warm anfühlt, dessen Herz schlägt – und das tut die Uhr, und das tut der Reflex.

Im Sonnenlicht erneuert sich das Datum wie dein Mund, lieber Kamerad, der so unanständig ausspuckt, der am liebsten die ganze Welt zusammenfluchen möchte!

Reiter aus Zinn beherrschen meine Vorstellung, kleine, die in den Kampf ziehen zum harten Männermorden, zum Schwerterklingen. Rufe ich da nach meinen Zahlen, deren Beziehung zur Kubik so unsicher ist.

<u>12. März 1963</u> (Fortsetzung vom Vortag)

Schweigen für eine kleine Sache. Auch für eine große. In dieses hinein, ach, denket Figuren. Keine aus Blei, keine aus Härte, leere Figuren, die in der Zeit pendeln, die die Zeit schlagen wie die Kirchenuhr. Pendele, Freund, guter Kamerad, so pendele doch. Wozu sind dir Arme geboren?!
Kleine Dinge. Sieh! Du liegst der Welt zu Füßen. Jede Faser ist reine Demut. Demut, singt der Nachtchor, singen die Engel, in Demut leben. Lasset uns für 10 Pfennig in Demut leben. Zerrungen aus allen Richtungen. Für die Ruhe geboren – nun umgekehrt – fliegt es. Ja, schreite. Du hast die Welt zu deinen Füßen. Sie harrt deiner. Gib ihr Befehle, sie gehorcht wie dein Schatten. Der Befehl ist dein Leben.
Geh mit mir. Lass uns springen. Rehe und Monde springen mit uns. Erbarme dich unser.
Offene Welt. Figuren im Krieg, im harten, metallklirrenden Krieg, wo Leiber zu Blut werden, wo dieses Blut Gesetze, Befehle beobachtet, wo es gehorcht, wo Leben in die Nacht fließt.
Wanderer ohne Namen, ohne Wanderung, ohne Wanderer. Wer hat dich herbestellt?
Sage – sprich. Volk hat sich versammelt. Volk wartet auf dich, ist unruhig. Tausend Fragen. Tausend Mal Dummheit. Tausend Mal keine Welt. Unsicherheit. Angst? Sprich, Freund, wohin

führt die Reise? Zirkel in vielen Farben, bunte und helle, sie kreiseln, sie durchtanzen die Luft.

Nach der Bearbeitung des Textes

Schweigen für eine kleine Sache.

Auch für eine große!

In dieses hinein ...

Ach!

... denket Figuren! Keine aus Blei, keine aus Härte – leere Figuren, die in der Zeit pendeln, die die Zeit schlagen wie die Kirchenuhr.

Pendele, Freund, guter Kamerad, so pendele doch! Wozu sind dir Arme geboren?!

Kleine Dinge!

Sieh, du liegst der Welt zu Füßen! Jede Faser ist reine Demut!

„Demut", singt der Nachtchor, singen die Engel, „in Demut leben"! – Lasset uns für 10 Pfennig in

Demut leben! Zerrungen aus allen Richtungen. Für die Ruhe geboren, nun – umgekehrt – fliegt es.

Ja, schreite! Du hast die Welt zu deinen Füßen! Sie harrt deiner! Gib ihr Befehle, sie gehorcht wie dein Schatten! Der Befehl ist dein Leben! Geh mit mir! Lass uns springen! Rehe und Monde springen mit uns!

Erbarme Dich unser!

Offene Welt!!

Figuren im Krieg, im harten, metallklirrenden Krieg, wo Leiber zu Blut werden, wo dieses Blut Gesetze, Befehle beachtet, wo es gehorcht, wo Leben in die Nacht fließt?! – Wanderer ohne Namen, ohne Wanderung, ohne Wanderer, wer hat dich herbestellt? Sage – Sprich!

Volk hat sich versammelt! Volk wartet auf dich, ist unruhig! Tausend Fragen!

Tausendmal Dummheit, tausendmal keine Welt!

Unsicherheit! – Angst!

Sprich, Freund, wohin führt die Reise? Zirkel in vielen Farben, bunte und helle, sie kreiseln, sie durchtanzen die Luft!

15. März 1963

Schleichen sie, ja, sie schleichen, gemessen an dir, oh Freund. Freund und Nicht-Freund.
Da ist die Frage: wozu? Dann rede. Sieh, du redest den Tag – und sie schleichen: der runde Anfang nähert sich dem runden Ende.
Worte – tausend Worte – tausendmal Auflehnung. Du zertrümmerst die mühsam von deinen Eltern in dir aufgebaute Welt Stück für Stück. Du zertrümmerst dich selbst. Du misstraust der Ruine.
Dann kamen die Zahlen, eine neue Welt. – Gaukele, trübe die Sinne. Mit dir geh ich im X. Wir stehen dort. Projektion der Sonne. Fahler Mond – Kreidestriche, die über die Erde ziehen, umziehen die Worte und deine Eltern. Guter Freund, liebst du mich? Sähe ich nur dein Bild. Wüsste ich dich nur bei mir. Mein Herz ist voll Sehnsucht – und voll Hass. Lieben und töten, kennst du das? Ich sehe dich in meinen Worten. Du schreibst, ich schreibe. Gehe mit, mit.
Lampen sind aufgesteckt für die Zeit. Auf menschenfreien Erden glüht das Licht, Sekunde für Sekunde – dort ist Ewigkeit. Welch ein Wort. Was ist das? Atme. So atme und spüre das Leben. Spürst du das? Du spürst den Stein in deinen Händen und den Schmerz. Ich spüre den Stein in der langen Reihe. Wie oft stehe ich dort

und suche den Augenblick. Ich kämpfe mit meiner Vergangenheit, ich töte mich und suche neues Leben. Die Welt ist hart, verschlossen, die Kanten des Steines sind scharf, und sie schneiden das Fleisch, wie sie beim Auffall zerschlagen. Bete doch für den Stein!

<u>Nach der Bearbeitung des Textes</u>

Schleichen sie?

Ja, sie schleichen, gemessen an dir, oh Freund!

Freund und Nicht-Freund, da ist die Frage: „Wozu?"

Dann rede!

Sieh, du redest den Tag – und sie schleichen! Der runde Anfang nähert sich dem runden Ende!

Worte – tausend Worte – tausendmal Auflehnung! Du zertrümmerst die mühsam von deinen Eltern in dir aufgebaute Welt Stück für Stück! Du zertrümmerst dich selbst! Du misstraust der Ruine!

Dann kamen die Zahlen, eine neue Welt!

Gaukele! Trübe die Sinne! Mit dir geh ich im X!

Wir stehen dort. Projektion der Sonne, fahler Mond. Kreidestriche, die über die Erde ziehen, umziehen die Worte.

Und deine Eltern, guter Freund?!

Liebst du mich? Sähe ich nur dein Bild! Wüsste ich dich nur bei mir! Mein Herz ist voll Sehnsucht – und voll Hass! Lieben und töten – kennst du das? Ich sehe dich in meinen Worten.

Du schreibst – ich schreibe!

Gehe mit!

Mit?

Lampen sind aufgesteckt für die Zeit! Auf menschenfreien Erden glüht das Licht, Sekunde für Sekunde – dort ist Ewigkeit!

Welch ein Wort?! Was ist das?!

Atme! So atme und spüre das Leben!

Spürst du das? Du spürst den Stein in deinen Händen und den Schmerz!

Ich spüre den Stein in der langen Reihe. Wie oft stehe ich dort und suche den Augenblick! Ich kämpfe mit meiner Vergangenheit. Ich töte mich und suche neues Leben. Die Welt ist hart, verschlossen. Die Kanten des Steines sind scharf, und sie schneiden das Fleisch, wie sie beim Auffall zerschlagen.

Bete doch für den Stein!

16. März 1963

Eine Straße. Darauf viel Verkehr und Nacht und Regen. Eine unheimliche Straße mit Kreuzen und Toten, nacktem, kaltem Fleisch, das nun ausgeschieden ist wie das überzählige Leben. Für sie ist das Spiel aus.
Dahinter Licht. Bis zum Himmel eine Lichterwand, prachtvoll – Mensch, bestaune das! Schnee und Eis. Ein Christbaum in einsamer Nacht mit Kerzen, die Licht in den Schnee werfen. Baum und Schnee und stille Nacht.
Wohin geht dein Herz? Das Herz ist tot. Auf der Straße geblieben, wo es nun liegt auf Erde, voll Schmutz. Das Leben ist ausgeflossen, ein ganzes Leben. Oder was? Oder – ?

Nach der Bearbeitung des Textes

Eine Straße. Darauf viel Verkehr – und Nacht und Regen. Eine unheimliche Straße mit Kreuzen und Toten, mit nacktem, kaltem Fleisch, das nun ausgeschieden ist wie das überzählige Leben. Für sie ist das Spiel aus!

***Dahinter Licht – bis zum Himmel eine Lichterwand – prachtvoll! Mensch, bestaune das!**_

Schnee und Eis!

Ein Christbaum in einsamer Nacht, mit Kerzen, die Licht in den Schnee werfen!

Baum und Schnee und stille Nacht.

Wohin geht dein Herz?

Das Herz ist tot! Auf der Straße geblieben, wo es nun liegt auf Erde, voll Schmutz. Das Leben ist ausgeflossen, ein ganzes Leben! – Oder was?

Oder – ?!

<u>17. März 1963</u> (Fortsetzung vom Vortag)

Kaum halbe Töne. Und sieh. Mittendrin, fein ausgeklügelt, ein Ding – Ding: fallender Stern.
Ach – rufe das Schicksal an. Steh mittendrin und rufe, rufe. Die Luft zittert. Und überträgt das Zittern auf die rohe Substanz. Der Ruf geht durch die Luft, er geht in die Erde, von der Erde fort. Er bleibt. Fasse ihn doch. Zum Scherz. Halte ihn. Pendeln. Gaukelei. Drei Tücher des neuen Begriffes. Drei Schreie der Angst. Gott mein Gott. Bögen auf Pfeilern, die natürliche Sonne im Land. Nie steht die Maschine – und nie stirbst du.
Stiche ins Auge. Helden brachen die Schwerter. Und nichts änderte sich. Der Morgen kam herauf und wich dem Mittag der Sonne, am Abend starb diese Sonne für die Nacht. Was blieb? Zähle es auf. Aber zähle mit Worten, rede die heilige Sprache. Lass mich verstehen. Ja, ich möchte verstehen. Warum atme ich? Was atme ich?
Schon gleite ich, fühle den Boden nicht mehr.
Spiel der Zahlen, und das der Gedanken. Hoffen. Die Sehnsucht eines Kindes, das reine Verlangen. Alles spannt die Sinne auf einen Wunsch. Große Welt und kleine Welt – wie Garten im Feld. Größen sind's, keine Werte.
Totenhaus im Sand am Weg. Darin Gelächter. Versammlung der Witze. Wer ist der beste Witz? Sie lachen. Lauter gute Witze. Ein Oberwitz führt

den Vorsitz. Sie lachen im Totenhaus. Und ich sündige hier in meiner Not, verlache die Herrlichkeit, bete sie an und verspotte sie wie ein Irrer. Gläserne Augen.

Meine Hand greift die Leiche, hält das Fleisch, es quillt Fett zwischen meinen Fingern und läuft schaumig herab. Und sie singen, sind fröhlich. Ich halte das Fleisch und möchte weinen. Was führt zu diesem Augenblick? Was soll ich tun? Meine Schultern sind zu stark, um zu hängen, und meine Beine tragen den Körper nach vorn. Das Leben zwingt zur Tat wie Treibstoff, der das herrenlose Fahrzeug über die Erde reißt.

Ich höre mich jammern und verfluche mich. So ist kein Fortschritt. Aber wie ist ein Fortschritt? Ja, verlasse dich, gehe neue Wege, überwinde den Menschen. Rede anstatt des richtigen Wortes ein anderes, aber nicht um jeden Preis. Überlege es dir gut. Überlege statt des Normalen sein Gegenteil, aber nicht um jeden Preis. Bedenke die Gefahr. Bleibe der Welt zugewandt. Liebe den fallenden Stern – und das Kind, den Keim, aus dem Kraft wird, Bewegung. Besinne dich.

Nach der Bearbeitung des Textes

Kaum halbe Töne.

Und sieh, mittendrin, fein ausgeklügelt, ein Ding!

Ding?

Fallender Stern!

Ach – rufe das Schicksal an. Steh mittendrin und rufe, rufe. Die Luft zittert und überträgt das Zittern auf die rohe Substanz.

Der Ruf geht durch die Luft!

Er geht in die Erde!

Von der Erde fort!

Er bleibt.

Fasse ihn doch – zum Scherz – halte ihn!

Pendeln! Gaukelei! Drei Tücher des neuen Begriffes – drei Schreie der Angst: Gott, mein Gott, Bögen auf Pfeilern! Die natürliche Sonne im Land! Nie steht die Maschine!

Und nie stirbst du!

Stiche ins Auge. Helden brachen die Schwerter, und nichts änderte sich! Der Morgen kam herauf und wich dem Mittag der Sonne. Am Abend starb diese Sonne für die Nacht. Was blieb?!

Zähle es auf, aber zähle mit Worten! Rede die heilige Sprache!

Lass mich verstehen! Ja, ich möchte verstehen! Warum atme ich? Was atme ich? – Schon gleite ich, fühle den Boden nicht mehr. – Spiel der Zahlen und das der Gedanken?

Hoffen, die Sehnsucht eines Kindes, das reine Verlangen! Alles spannt die Sinne auf einen Wunsch!

Große Welt und kleine Welt.

Wie Garten im Feld! Größen sind's, keine Werte!

Totenhaus im Sand am Weg. Darin Gelächter. Versammlung der Witze. Wer ist der beste Witz? Sie lachen. Lauter gute Witze. Ein Oberwitz führt den Vorsitz. Sie lachen im Totenhaus! Und ich sündige hier in meiner Not, verlache die Herrlichkeit, bete sie an und verspotte sie wie ein

Irrer! – Gläserne Augen. Meine Hand greift die Leiche, hält das Fleisch, es quillt Fett zwischen meinen Fingern und läuft schaumig herab. Und sie singen, sind fröhlich. Ich halte das Fleisch und möchte weinen. – Was führt zu diesem Augenblick? Was soll ich tun? Meine Schultern sind zu stark, um zu hängen, und meine Beine tragen den Körper nach vorn. Das Leben zwingt zur Tat wie Treibstoff, der das herrenlose Fahrzeug über die Erde reißt. Ich höre mich jammern und verfluche mich!

So ist kein Fortschritt!

Aber wie ist ein Fortschritt?

Ja, verlasse dich, gehe neue Wege, überwinde den Menschen! Rede anstatt des richtigen Wortes ein anderes, aber nicht um jeden Preis! Überlege es dir gut! Überlege statt des Normalen sein Gegenteil, aber nicht um jeden Preis! Bedenke die Gefahr! Bleibe der Welt zugewandt! Liebe den fallenden Stern – und das Kind, den Keim, aus dem Kraft wird, Bewegung! Besinne dich!

<u>18. März 1963</u>

Schein des Feuers. Zwischen zwei Grenzen. Schein unruhiger Ausdehnung. Wie Kindergeflüster das Flammenspiel. Noch in der Nacht. Eins und zwei multiplizieren sich, fließen zusammen. Sonst nichts. Auch eine Welt. Schreckt sie? In meiner Seele steht die Fratze der Hexe. Ich stolpere über diese Verbindung. Hexen gehören nicht zu meinem täglichen Vokabular. Kaum zum monatlichen. Vielleicht ändert sich das. Fratzen – sind es noch Fratzen? Mein Name ist X. Ich bin Betreuer der Zahlen und Liebhaber des Totenhauses.

Feuer mit Zungen. Es ist zwischen Himmel und Erde. In den Augen der Menschen sehe ich den Schein. Das Feuer spannt über die Welt. Ich sehe es im Kreis, in dem von mir gezogenen und liebgewonnenen Kreis. Flammen in dein Nichts. In der Einsamkeit, im kaum gefühlten Dasein zum plötzlichen Leben. Kriecht, brennt, flackert, stirbt. – Nein, Glut – wie die Sonne. – Ach ja, Wärme! Wie sie zieht. Der Körper geht heran. Ich bewundere mich. Nachtwandlerisch sicher meine Sinne.

Du, Mensch, widerstrebst. Dein Herz – eine Melodie der Dummheit.

Nach der Bearbeitung des Textes

Schein des Feuers – zwischen zwei Grenzen. Schein unruhiger Ausdehnung. Wie Kindergeflüster das Flammenspiel. Noch in der Nacht. Eins und zwei multiplizieren sich, fließen zusammen. Sonst nichts.

Auch eine Welt!

Schreckt sie? In meiner Seele steht die Fratze der Hexe. Ich stolpere über diese Verbindung. Hexen gehören nicht zu meinem täglichen Vokabular, kaum zum monatlichen.

Vielleicht ändert sich das!

Fratzen? – Sind es noch Fratzen?

Mein Name ist X! Ich bin Betreuer der Zahlen und Liebhaber des Totenhauses!

Feuer mit Zungen?! Es ist zwischen Himmel und Erde. In den Augen der Menschen sehe ich den Schein. Das Feuer spannt sich über die Welt. Ich sehe es im Kreis, in dem von mir gezogenen und lieb gewonnenen Kreis.

Flammen in dein Nichts – in der Einsamkeit, im kaum gefühlten Dasein – zum plötzlichen Leben!

Kriecht, brennt, flackert, stirbt.

Nein, Glut – wie die Sonne!

Ach ja, Wärme. Wie sie zieht! Der Körper geht heran. Ich bewundere mich! Nachtwandlerisch sicher sind meine Sinne!

Du, Mensch, widerstrebst! Dein Herz – eine Melodie der Dummheit?!

19. März 1963, 4:00 Uhr (Fortsetzung vom 18.3.)

Flammen. Die Kraft liegt darin. Welch eine Lüge. Natur. Sie macht keine Unterschiede.
Ich bin müde. Meine Gedanken stocken. Stumpfsinnig sitze ich am Tisch, ohne Bezug. Meine Augen sehen, aber sie sehen es nicht richtig. Ich habe den Kopf aufgestützt. Meine Hände sind schwer. Das halboffene Fenster wird bewegt von einem flatternden Wind. Ich meine, ich müsste leichten Regen hören. So ist die Luft. Zwischen dem Wind kommen ab und zu die Geräusche eines Autos. Draußen ist ein Teil der Nacht hell von den Lampen der Straße. An den Scheiben sind kleine Tropfen.
Ich wünschte, es wäre mehr Kraft in meinem Körper. Er müsste wie eine Feder sein, die in jeder Nacht gleiche Spannung erhält. Kein Materialverschleiß dürfte da sein. Eine Utopie.
Am Horizont das Keuchen eines abfahrenden Zuges. Die Nacht wird lauter. Straßenbahngequietsche. Eisen auf Eisen. Eisen gegen Eisen. Die Menschen stellen den Tag an. Wind schlägt gegen das Fenster. Ich kenne das. So redet er, wenn draußen das erste Grün hervor soll. Seine Worte sind voll und verlockend. Sie ziehen hinaus. Wohin ziehen sie wohl?
Beinahe schlafe ich. Mein Körper ist eingeknickt. Warum wehre ich mich gegen den Schlaf? Ich

sehe die Zeit gehen mit jedem, was mir Lebensgefühl gibt.
Unruhe ist in mir. Ich möchte arbeiten. Ich möchte Ideen haben. Mir ist, als ob alles da wäre. Ich muss mich nur hinsetzen und die Welt anschauen. Muss den Totenschädel in die Hand nehmen und ihn abwiegen, muss in den Spiegel schauen. Da sehe ich mein Gesicht. Wie oft am Tag das so geht. Der Spiegel liegt vor mir, und ich versäume keine Gelegenheit, mich zu bewundern. Manchmal ist es auch Verachtung, Entsetzen, Freude, Liebe. Das ändert sich wie meine Gefühle. Wo ist meine Begeisterung? Ist sie im Schlaf ertrunken?
Schwer ist es, die Welt zu beschreiben. Denn zur Welt gehört die Dynamik. Dann gehören zur Welt unendlich viele Farben und Formen. Ist es nicht Irrsinn, etwas herauszupicken und darzustellen? In diesem Augenblick geht die übrige Welt ohne mich. Nein, sie geht nie ohne mich. Wäre ich tot, so wäre auch die Welt anders, denn es fehlte eine Beziehung. Zwar hat meine Leiche auch eine Beziehung, aber nicht die eines Lebenden.

(Die Datumsangaben der letzten Tage stimmen nicht. Sie sind um einen Tag zu spät. Ich merkte das heute in der Post, als ich Geld abholte.)

Abends

Kreidekreis. Punkt darin. Halb Kuchenform. Nein. Angst ist verloren. Sprich, Freund X, sprich Gabriel, mein Freund. Du trägst Worte auf deinem Körper. Gib sie uns, wir geben anderes. Freund, wir geben dir die Zukunft. Unser Blut ist warm für dich, die Herzen geben deinem Herzen den Takt. Es ist der Rhythmus der Welt.
Kreidekreis. Engel der Gerechtigkeit. Figur aus Holz eines Menschen mit Flügeln. In der großen Halle im Atomkrieg. Straßen gibt's in der Stadt!! Fabelhaft. Man sollte vereinfachen. Jeder Straße eine große Zahl, jedem Haus eine kleine. Neuer Inhalt fürs Leben. Und ich lüge. Habe zwei Gedanken. Der erste die Bewunderung, der zweite die Verachtung. Und jetzt verachte ich, löse auf. Die Nuss bricht mit der Schale. Sie kann das. Alles kann brechen. Selbst das Auge. Der Verstand verlässt die Form. Die Schüler lachen wie über einen gelungenen Witz. Ist auch zum Lachen. Aber dann weinen manche einmal. Eines Tages hört das Leben auf. Es gibt einen Einbruch in die Harmonie. Gott wird verflucht, die Eltern, die Erde. Sie verfluchen sich selbst. Dann sagen manche: „Scheiße". Dabei bleiben dann viele. Andere sterben. Für sie hat der Tag die Sonne verloren. Andere bäumen sich auf. Die Natur ist stark. Sie bricht durch, sie verlangt ihr Recht.

Manchmal kommt es zu einem glücklichen Nebeneinander. Aber der Kampf bleibt. Er ist dämonisch: Leben gegen Tod, Kraft gegen Angst und Schwäche.
Komm herab. Greife in das Objekt. Führe es mit den Nägeln, kraftstrotzender Muskel aus der Nacht. So näherst du Zentimeter um Zentimeter Unaussprechliches.

Nach der Bearbeitung des Textes

Flammen? – Die Kraft liegt darin? – Welch eine Lüge! Natur! Sie macht keine Unterschiede!

Ich bin müde. Meine Gedanken stocken. Stumpfsinnig sitze ich am Tisch, ohne Bezug. Meine Augen sehen, aber sie sehen es nicht richtig. Ich habe den Kopf aufgestützt. Meine Hände sind schwer. Das halboffene Fenster wird bewegt von einem flatternden Wind. Ich meine, ich müsste leichten Regen hören. So ist die Luft. Zwischen dem Wind kommen ab und zu die Geräusche eines Autos. Draußen ist ein Teil der Nacht hell von den Lampen der Straße. An den Scheiben sind kleine Tropfen. Ich wünschte, es wäre mehr Kraft in meinem Körper. Er müsste wie eine Feder sein, die in jeder Nacht wieder gespannt wird. Kein Materialverschleiß dürfte da sein.

Eine Utopie!

Von fern her das Keuchen eines abfahrenden Zuges. Die Nacht wird lauter. Straßenbahngequietsche – Eisen auf Eisen, Eisen gegen Eisen. Die Menschen stellen den Tag an.
Wind schlägt gegen das Fenster. Ich kenne das. So redet er, wenn draußen das erste Grün hervor soll.

Seine Worte sind voll und verlockend!

Sie ziehen hinaus. Wohin ziehen sie wohl? – Beinahe schlafe ich. Mein Körper ist eingeknickt. Warum wehre ich mich gegen den Schlaf? Ich sehe die Zeit gehen mit jedem, was mir Lebensgefühl gibt. Unruhe ist in mir. Ich möchte arbeiten, ich möchte Ideen haben. Mir ist, als ob alles da wäre. Ich muss mich nur hinsetzen und die Welt anschauen, muss den Totenschädel in die Hand nehmen und ihn abwiegen, muss in den Spiegel schauen. Da sehe ich mein Gesicht. Wie oft am Tag das so geht! Der Spiegel liegt vor mir und ich versäume keine Gelegenheit, mich zu bewundern. Manchmal ist es auch Verachtung, Entsetzen, Freude, Liebe. Das ändert sich wie meine Gefühle. Wo ist meine Begeisterung? Ist sie im Schlaf ertrunken?

Schwer ist es, die Welt zu beschreiben, denn zur Welt gehört die Dynamik. Dann gehören zur Welt unendlich viele Farben und Formen. Ist es nicht Irrsinn, etwas herauszupicken und darzustellen? In diesem Augenblick ginge die übrige Welt ohne mich.

Nein!

Sie geht nie ohne mich. Wäre ich tot, so wäre auch die Welt anders, denn es fehlte eine Beziehung. Zwar hat meine Leiche auch eine Beziehung, aber nicht die eines Lebenden.

(Die Datumsangaben der letzten Tage stimmen nicht. Sie sind um einen Tag zu spät. Ich merkte das heute in der Post, als ich Geld abholte.)

Abends

Kreidekreis, Punkt darin, halb Kuchenform!

Nein!

Angst ist verloren! Sprich, Freund X! Sprich, Gabriel, mein Freund! Du trägst Worte auf deinem Körper. Gib sie uns!

Wir geben anderes, Freund, wir geben dir die Zukunft! Unser Blut ist warm für dich, die Herzen geben deinem Herzen den Takt! Es ist der Rhythmus der Welt!

Kreidekreis! Engel der Gerechtigkeit! Figur aus Holz, eines Menschen mit Flügeln, in der großen Halle, im Atomkrieg?!

Straßen gibt's in der Stadt!!

Fabelhaft! Man sollte vereinfachen! Jeder Straße eine große Zahl, jedem Haus eine kleine! Neuer Inhalt fürs Leben!

Und ich lüge, habe zwei Gedanken. Der erste die Bewunderung, der zweite die Verachtung. Und jetzt verachte ich, löse auf: Die Nuss bricht mit der Schale. Sie kann das. Alles kann brechen, selbst das Auge. Der Verstand verlässt die Form. – Die Schüler lachen wie über einen gelungenen Witz.

Ist auch zum Lachen!

Aber dann weinen manche einmal. Eines Tages hört das Leben auf. Es gibt einen Einbruch in die Harmonie. Gott wird verflucht, die Eltern, die Erde. Sie verfluchen sich selbst. Dann sagen manche: „Scheiße!" Dabei bleiben dann viele. Andere sterben. Für sie hat der Tag die Sonne verloren. Andere bäumen sich auf. Die Natur ist stark. Sie bricht durch, sie verlangt ihr Recht. Manchmal kommt es zu einem glücklichen Nebeneinander. Aber der Kampf bleibt. Er ist dämonisch, Leben gegen Tod, Kraft gegen Angst und Schwäche. – „Komm herab! Greife in das Objekt! Führe es mit den Nägeln, kraftstrotzender Muskel aus der Nacht!"

So näherst du Zentimeter um Zentimeter Unaussprechliches!

20. März 1963

Sie schreit, mein Gott, sie schreit. Habt ihr das gehört? Sie schreit wie vor ihrem Tod. Vielleicht spürt sie ihn nahen. Die Natur kündigt ihn an. Man muss sie nur hören. Manchmal ist sie leise, manchmal wird sie furchtbar lebendig. Dann kommt der Tod in unsere Gesellschaft. Wir sehen ihn arbeiten. Er weiß, was er will. Sie schreit.
Was rede ich nur. Sie verstehen mich nicht. Wenn sie nur Ohren hätten, ich würde hineinbrüllen – alles. Dass sie lauter Irrtümern seien, Fehlentwicklungen, wenn sie nur an sich glaubten. Doch was sagen sie. Ich habe immer wieder das Gleiche gehört. Sie reden alle gleich, und ich schreibe wie alle, und nichts ändert sich.
Meine Figuren hole ich hervor, ans Licht. Sie sind meine ewigen Begleiter. Und ich begleite sie. Wir wechseln darin.

Nach der Bearbeitung des Textes

Sie schreit, mein Gott, sie schreit. Habt ihr das gehört? Sie schreit wie vor ihrem Tod. Vielleicht spürt sie ihn nahen. Die Natur kündigt ihn an. Man muss sie nur vernehmen. Manchmal ist sie ganz leise, manchmal wird sie furchtbar lebendig. Dann kommt der Tod in unsere Gesellschaft. Wir sehen ihn arbeiten. Er weiß, was er will. – Sie schreit.

Was rede ich nur?! Sie verstehen mich nicht. Wenn sie nur Ohren hätten, ich würde hineinbrüllen – alles. Dass sie lauter Irrtümer seien, Fehlentwicklungen, wenn sie nur an sich glaubten. Doch was sagen sie? Ich habe immer wieder das Gleiche gehört. Sie reden alle gleich und ich schreibe wie alle und nichts ändert sich.

Meine Figuren hole ich hervor, ans Licht. Sie sind meine ewigen Begleiter. Und ich begleite sie.

Wir wechseln darin!

21. März 1963

Er sagt, er sei eine Null, rund und schön wie eine Null. Sein Geschäft sei das Sprechen. Für ihn arbeiteten die Gedanken. Trotzdem eine Null. Viel angewandtes Wort. Was sagt es ihm? Er lacht.
Er steht ja mitten unter dem Himmel, unter dieser Ausdehnung, die er nur mit ein paar Worten zu benennen gelernt hat. Wenn man ihn fragt, wo der Himmel sei, zeigt er nach oben. Manchmal zeigt er nach unten, doch das ist schon alt. Er möchte nach hinten, nach vorn, er möchte gar nicht zeigen. Stattdessen möchte er lachen. Wer versteht ihn denn noch? Aber ihn rührt das jetzt nicht. Man hat ihn, die dritte Person, unter den Himmel gestellt, um sich zu bewähren.
So befehle ich ihm, nach oben zu schauen. Der Kopf geht nach hinten. Winkel bilden sich und verschwinden. Winkel aus Fleisch und Blut. Wärme. Ich fühle das Wasser und seine Haut. Wir haben ihn dahin gesetzt. Wir haben Fäuste, die ihn griffen. Sieh, ein Spiel nur. Schaue zu, wie sein Kopf zurückfällt, wie sich Achsen verschieben. Die Erde stöhnt unhörbar. Qual der Atome. Masse auf Masse. Wort auf Wort. Grünes Licht flutet ins gelbe Licht, gelbes flutet zurück. Sieh ihn dir an. So machten wir ihn, die dritte Person, zurecht. Haben ihn hingestellt, ihm gesagt, er solle den Himmel beschreiben. Und wir warten

voll Spannung. Sein Gesicht ist blass. Kaum Blut darin. Kaum Leben. Aber Puls, aber Muss. Ja, seine Augen sind nach oben gerichtet. Seine Sinne greifen in unheimlichen Raum, einem Feind vergleichbar, drohend. – Woher kommt der Tod? Gäbe es nur eine Waffe.

Wir warten und warten. Wie eine Statue steht er dort, wie in Stein gehauen, zeitlos. Und er soll beschreiben. Fehlt ihm Aktivität? Dann fragen wir ihn: „Freund – Träumender – sage uns, warum du hier bist!"

Seine Augen sind so verzweifelt. Vielleicht weiß er das nicht. Ich frage ihn: „Siehst du den Himmel?" Er erschrickt. Unruhe hat ihn aus dem Stein gelöst. Einem gehetzten Wild gleich schaut er um sich, sieht uns und schreit: „Himmel, Hi – – – immel!" Ein hysterisches Lachen, dann lächelt er strahlend. Als ob man ihm großes Glück angetan hätte. Seine Arme greifen umarmend in die Luft, sein Kopf sinkt wieder in den Nacken. Wieder Winkel aus Fleisch und Winkel aus Blut. Wieder Blässe. Augen zum Himmel. Wir sind erstaunt. Er hat geantwortet.

Nach der Bearbeitung des Textes

Er sagt, er sei eine Null, rund und schön wie eine Null. Sein Geschäft sei das Sprechen. Für ihn arbeiteten die Gedanken. Trotzdem eine Null.

Viel angewandtes Wort. Was sagt es ihm?

Er lacht! Er stehe ja mitten unter dem Himmel, unter dieser Ausdehnung, die er nur mit ein paar Worten zu benennen gelernt habe. Wenn man ihn frage, wo der Himmel sei, zeige er nach oben. Manchmal zeige er nach unten, doch das sei schon alt. Er möchte nach hinten, nach vorn – er möchte gar nicht zeigen. Stattdessen möchte er lachen. Wer verstehe ihn denn noch? Aber ihn rühre das jetzt nicht. Man habe ihn, die dritte Person, unter den Himmel gestellt, um sich zu bewähren.

So befehle ich ihm, nach oben zu schauen!

Der Kopf geht nach hinten. Winkel bilden sich und verschwinden, Winkel aus Fleisch und Blut.

Wärme!

Ich fühle das Wasser und seine Haut.

Wir haben ihn dahin gesetzt. Wir haben Fäuste, die ihn griffen.

Siehe, ein Spiel nur!

Schaue zu, wie sein Kopf zurückfällt!

Wie sich Achsen verschieben. Die Erde stöhnt unhörbar. Qual der Atome. Masse auf Masse.

Wort auf Wort!

Grünes Licht flutet ins gelbe Licht, gelbes flutet zurück.

Sieh ihn dir an! So machten wir ihn, die dritte Person, zurecht. Haben ihn hingestellt, ihm gesagt, er solle den Himmel beschreiben. Und wir warten voll Spannung.

Sein Gesicht ist blass. Kaum Blut darin, kaum Leben.

Aber Puls, aber Muss!

Ja, seine Augen sind nach oben gerichtet. Seine Sinne greifen in unheimlichen Raum, einem Feind vergleichbar, drohend.

Woher kommt der Tod? Gäbe es nur eine Waffe.

Wir warten und warten. Wie eine Statue steht er dort, wie in Stein gehauen, zeitlos. Und er soll beschreiben. Fehlt ihm die Aktivität? Dann fragen wir ihn: „Freund – Träumender – sage uns, warum du hier bist!"

Seine Augen sind so verzweifelt. Vielleicht weiß er das nicht.

Ich frage ihn: „Siehst du den Himmel?" Er erschrickt. Unruhe hat ihn aus dem Stein gelöst. Einem gehetzten Wild gleich schaut er um sich, sieht uns und schreit:

„Himmel! Hi – – – immel!"

Ein hysterisches Lachen. Dann lächelt er strahlend, als ob man ihm großes Glück angetan habe. Seine Arme greifen umarmend in die Luft, sein Kopf sinkt wieder in den Nacken.

Wieder Winkel aus Fleisch und Winkel aus Blut. Wieder Blässe. Augen zum Himmel.

Wir sind erstaunt. Er hat geantwortet.

22. März 1963 (Fortsetzung vom Vortag)

Eine ganze Antwort. Wann bekommt man sie?
Nicht alle Tage. Man muss sie suchen.
Himmel.

Nach der Bearbeitung des Textes

Eine ganze Antwort! Wann bekommt man sie?!

Nicht alle Tage, man muss sie suchen.

Himmel!

23. März 1963 (Fortsetzung vom 21. und 22. März)

Person und Welt. Rätsel über Rätsel, die ich hinstellte. – Was ist anders? Dein Lachen vielleicht, wie es in die Welt geht. Wie es tötet. Höre auf zu lehren. Das gibt es nicht. Richtungen gibt es, für jeden eine, die geht man. Das Nein gehört dazu. Alles ist eingeschlossen, die Straße, die Wolke, dein Schmerz, jeder Atemzug, das Licht des Himmels, die Wärme deines Pulses. Und dazu gehören die dritte Person, die Zahlen und die Bitte, das große und das kleine Lächeln. Mensch, den ich hinstellte, was weißt du von dir? Du gabst die erste Antwort. Wir hörten dich. Erzähle. Und so erzähle ich: Baum in der Höhe, schaut zu mir herab. Baum aus Tiefe, Wasser und Luft. Da grüne Blätter, ein Chaos, Grab. Ich fühle die Rinde, die rau und voll Alter ist. Schwärze, nein, dunkel am Abend. Voller Himmel im Licht einer runden Scheibe. Du siehst mich unschlüssig. Was verlangt das Leben jetzt? Komposition, eine neue der Statik? Oder willst du Dynamik? Dann gehe ich vorbei am Sich-Wandelnden. Halte mich. Der Schlüssel ist verloren. Großer Schlüssel. Große Scheibe. Tag und Nacht. Baum, ich bete dich an, der Spötter, der das Heilige zur Sünde macht, der Maßlose im Anspruch, eine leere Frucht.

Beide hat die Welt uns geboren. Wir gehen gemeinsam unseren Weg. Du als Baum, ich als Mensch. Manchmal stehen wir beisammen. Dann liebkosen dich meine Hände, sie spüren die leisen Worte deines Herzens. Und deine Qual und Freude. Mächtiger, Allmächtiger. Anfang und Ende bist du, durch dich lebe ich. Dein weißes Holz ist meine Seele, ist Ewigkeit, ist deine ganze Kraft.

Wie siehst du mich? Du fragst mich? Ich schaue zu dir hinauf. Höre mich, führe mich, Baum, ganz Baum! So töte ich dich. Licht und Schatten. Grenzen, Konturen. Unruhe. Nur der Himmel ist ruhig wie ein Trank, wie Blut, so tief und warm. Aber du, Erde, blumig gebärende und modernde, Zeughaus ohne Liste, wahllos mit Ordnung ohne Hüter.

Geh ich mit dir in den Tag. Und du berauschst meine Sinne, lenkst mich ab, ja, ich lebe – und so, wie ich lebe, bin ich tot.

So bewundere ich dich. Und suche in mir eine Antwort, lausche, ob irgendwo in der Welt deine Stimme zu hören ist. Suche nach einem Lächeln wie das Kind, das den Weg verloren hat.

Nacht, wie der Himmel Tag wie das Leben.

Nach der Bearbeitung des Textes

Person und Welt – Rätsel über Rätsel, die ich hinstellte. Was ist denn anders?

Dein Lachen vielleicht, wie es in die Welt geht!

Wie es tötet?! – Höre auf zu lehren, das gibt es nicht!

Richtungen gibt es, für jeden eine! Die geht man!

Das „Nein" gehört dazu?

Alles ist eingeschlossen: die Straße, die Wolke, dein Schmerz, jeder Atemzug, das Licht des Himmels, die Wärme deines Pulses! Und dazu gehören die dritte Person, die Zahlen und die Bitte, das große und das kleine Lächeln! – Mensch, den ich hinstellte, was weißt du von dir? Du gabst die erste Antwort! Wir hörten dich, erzähle!

Und so erzähle ich:
Baum in der Höhe, schaut zu mir herab. Baum aus Tiefe, Wasser und Luft. Da grüne Blätter, ein Chaos, Grab. Ich fühle die Rinde, die rau ist und voll Alter. Schwärze ...

Nein!

Dunkel am Abend. Voller Himmel im Licht einer runden Scheibe.
Du siehst mich unschlüssig. Was verlangt das Leben jetzt? Komposition, eine neue der Statik? Oder willst du Dynamik? Dann gehe ich vorbei am Sich-Wandelnden. – Halte mich! Der Schlüssel ist verloren!

Großer Schlüssel: Große Scheibe, Tag und Nacht!

Baum, ich bete dich an, der Spötter, der das Heilige zur Sünde macht, der Maßlose im Anspruch …

Eine leere Frucht!

… Beide hat die Welt uns geboren. Wir gehen gemeinsam unseren Weg – du als Baum, ich als Mensch. Manchmal stehen wir beisammen. Dann liebkosen dich meine Hände, sie spüren die leisen Worte deines Herzens und deine Qual und Freude. – Mächtiger, Allmächtiger, Anfang und Ende bist du, durch dich lebe ich! Dein weißes Holz ist meine Seele, ist Ewigkeit, ist deine ganze Kraft.

Wie siehst du mich?

Du fragst mich? – Ich schaue zu dir hinauf! Höre mich, führe mich, Baum, ganz Baum!

So töte ich dich!

Licht und Schatten. Grenzen, Konturen, Unruhe. Nur der Himmel ist ruhig, wie ein Trank, wie Blut, so tief und warm. Aber du, Erde, blumig gebärende und modernde, Zeughaus ohne Liste, wahllos mit Ordnung ohne Hüter, geh ich mit dir in den Tag und du berauschst meine Sinne, lenkst mich ab – ja, ich lebe – und so, wie ich lebe, bin ich tot …

So bewundere ich dich!

… und suche in mir eine Antwort, lausche, ob irgendwo in der Welt deine Stimme zu hören ist. Suche nach einem Lächeln wie das Kind, das den Weg verloren hat.

Nacht! – Wie der Himmel Tag, wie das Leben!

24. März 1963

Kleiner roter Elefant. Spielzeug aus Kunststoff für Kinder. Macht Freude, belustigt.
Gutmütig und schwer. Trottet daher mit kleinen Augen und langem Rüssel. Roter Elefant, wie du mich erfreust.
Der Baum bricht. Der Sturm bricht den gewaltigen Stamm mittendurch. Und ich setze die Stille mitten in den Sturm. Glaswände meinetwegen trennen die Welten, die ich verschieden glaube. Ich konstruiere, ich kombiniere neu. Wozu? Lästige Frage. Ein Spiel vielleicht. Die Demonstration der Möglichkeiten. So lasse ich Wasser brennen und Schnee von der Sonne fallen. Irrig. Ein Spiel der Worte – aber Leben. Meine Augen sehen, mein Körper lebt, mein Mund spricht. Ja, die sich bewegenden Lippen bilden Worte. Materie entströmt meinem Hals – geformte Materie, Strom zu vergleichen im Fernsprechdraht, Stöße, die eine Wirkung haben. Du fühlst sie mit der Hand, deine Ohren nehmen sie auf, dein Leben antwortet. Wie Nahrung ist es, das erlösende Wort. Wie Gift die kalten Augen eines Prüfers. Sie machen dich rasend, dein Herz reagiert, dein Denken ist anders. Ach, es ändert sich alles. Jeder Augenblick ist wie ein Baumeister – oder wie ein Destruktur. Kein Atom ist klein genug, um keine Wirkung auf dich zu haben. Kamerad, gib mir die

Hand. Wir wollen durch das Land gehen mit offenen Ohren, mit starken Augen. Wir wollen die Welt ertasten. Wir wollen zu jedem ein Wort sagen und jedes Wort, das wir sagen, genau abwägen. Wir wollen die Reaktionen unserer Vergangenheit abstreifen, vergessen, wie der Lehrer die Natur schilderte. Zu viel wusste er, um alles verstanden haben zu können.

Perlen gebiert das Meer. Kleine Wellen, zärtliche, tragen sie zum Ufer. Sie liegen im Sand, Perlen, und warten auf das Leben. Angst vor der Erde. Sie ist voll Macht. Sie ist größer als ich. Sie trägt mich. Welche Beziehung ich zu ihr habe. Sie steht und ich gehe und sie steht nicht. Sie ist eine stehende Bewegung. Kreisrunde Scheibe oben, golden und warm. In ihrem Licht Formen, die anders aussehen, keine Einheit.

Nach der Bearbeitung des Textes

Kleiner roter Elefant, Spielzeug aus Kunststoff für Kinder, macht Freude, belustigt. Gutmütig und schwer. Trottet daher mit kleinen Augen und langem Rüssel. Roter Elefant, wie du mich erfreust!

Der Baum bricht. Der Sturm bricht den gewaltigen Stamm mittendurch.

Und ich setze die Stille mitten in den Sturm!

Glaswände …

Meinetwegen!

… trennen die Welten, die ich verschieden glaube. Ich konstruiere, ich kombiniere neu.

Wozu?

Lästige Frage. Ein Spiel vielleicht, die Demonstration der Möglichkeiten. So lasse ich Wasser brennen und Schnee von der Sonne fallen.

Irrig! Ein Spiel der Worte!

Aber Leben. Meine Augen sehen, mein Körper lebt, mein Mund spricht. – Ja, die sich bewegenden Lippen bilden Worte. Materie entströmt meinem Hals, geformte Materie, Strom zu vergleichen im Fernsprechdraht.

Stöße, die eine Wirkung haben. Du fühlst sie mit der Hand, deine Ohren nehmen sie auf, dein Leben antwortet!

Wie Nahrung ist das erlösende Wort, wie Gift die kalten Augen eines Prüfers.

Sie machen dich rasend! Dein Herz reagiert, dein Denken ist anders!

Ach, es ändert sich alles.

Jeder Augenblick ist wie ein Baumeister ...

Oder wie ein Destrukteur.

Kein Atom ist klein genug, um keine Wirkung auf dich zu haben! – Kamerad, gib mir die Hand! Wir wollen durch das Land gehen mit offenen Ohren, mit starken Augen. Wir wollen die Welt ertasten. Wir wollen zu jedem ein Wort sagen und jedes Wort, das wir sagen, genau abwägen. Wir wollen unsere alten Reaktionen abstreifen, vergessen, wie der Lehrer die Natur schilderte. Zu viel wusste er, um alles verstanden haben zu können.

Perlen gebiert das Meer. Kleine Wellen, zärtliche, tragen sie zum Ufer. Sie liegen im
Sand, Perlen, und warten auf das Leben.

Angst vor der Erde. Sie ist voll Macht. Sie ist größer als ich, sie trägt mich. – Welche Beziehung ich zu ihr habe? Sie steht und ich gehe und sie steht nicht. Sie ist eine stehende Bewegung. Kreisrunde Scheibe oben, golden und warm. In ihrem Licht Formen, die anders aussehen. – Keine Einheit.

27. März 1963 (Fortsetzung vom 24. März)

Fäden, die in eine Hand laufen. Gebe ihm eine Antwort. Höre, die Wildnis ist erfüllt vom Heulen der Wölfe. Und wo die Hexe wartet, wartet das Einmaleins. Das ist der Anfang und dann geht's weiter. Musik, flächig im welligen Wind um die Nacht im Winkel. Schleier sind ausgespannt, die wogen – ich halte das für Nebel. Und den atme ich. Ich atme Schleier, keine blutigen, keine schaumigen.

Im Leben der kleinen Figur liegt ein Fehler. Es sind zwei Fehler, die ich mache. Der Holzhauer fragt den Bauern: Haben Sie eine Zigarette? Er gibt ihm die Sonne am Mittag. Und da bedankt sich der Holzhauer und schlägt die Bäume. Der Wald ist aus lauter Holz, dessen Zukunft dunkel ist wie das Loch.

Der Holzhauer ist eine Nummer, er gehört zu dem System meiner Zahlen. Ich habe sie im Wald versammelt. Punkt um Punkt. Eine Tafel sei hingestellt. Ein Angstschrei. Nanu. Der Wald ist leer. Oh, leerer, grüner, feuchter Wald, wie viel Bäume hast du? Gipfelig ist wohl dein Dach. Und darin ist das Loch. Oh nein, kein Loch, der Vogel. So!!

Tafel hin, Tafel her. Punkt um Punkt, Strich um Strich, Farbe um Farbe, wie schön der Wald klingt. Stelle ich die Maschine in den Wald, so

müssen wir warten. Erinnere dich an das Totenhaus, dessen gute Idee das Leck war, die tropfende Leiche. Imagination. Du hast das nie gesehen. Doch es tropft. Ja, es tropft die Leiche am Mittag, als die Welt zu voll wurde.
Erinnere dich an die Maschine. Ihr Herz, leugne das nicht, schlägt, wie der Holzmann Holz für dich. Armer. Wohin treibt dich das Wasser? Glasklar, als ob Würmer drin wären. Die Maschine, sie hält mich. So hält der Baum den Wald und der diesen. Fragt ja doch der Bauer den Holzhauer am Mittag: Wozu gibst du mir die Sonne? Sie ist zu groß für mein Herz.
Ach, lacht da der Waldmensch, keine Sorge, wir kriegen auch das dort hinein. Soweit die Menschen. Und die Maschine sägt derweil fleißig. Ich stehe dabei und finde mich höchst überflüssig. Welten und Welten. Erinnere mich an die vier von gestern Nacht, für sie gab es keinen Pardon mehr. Sie lagen bleich in meinen Armen. Vielleicht, dass irgendwo in ihrem Gehirn noch einmal das Bild der Mutter durchgebrochen war. Lass dafür eine Träne heilig sein. Höchst überflüssig, wie ich dabeistehe und keinen gescheiten Gedanken aufbringe. So lasse ich mich inspirieren, denn der Wagen muss eine Bahn haben, sonst gibt es Bruch.
Waldmensch, der nichts von seiner Existenz weiß, klobig steht er mit harten Fäusten, und

seine Kraft entwurzelt, seine Kraft entwurzelt meine Seele.

Nach der Bearbeitung des Textes

Fäden, die in eine Hand laufen!

Gib ihm eine Antwort!

Höre, die Wildnis ist erfüllt vom Heulen der Wölfe! Und wo die Hexe wartet, wartet das Einmaleins! Das ist der Anfang und dann geht's weiter!

Musik, flächig im welligen Wind, um die Nacht im Winkel. Schleier sind ausgespannt, die wogen. Ich halte das für Nebel. Und den atme ich. Ich atme Schleier – keine blutigen, keine schaumigen.

Im Leben der kleinen Figur liegt ein Fehler!

Es sind zwei Fehler, die ich mache. Der Holzhauer fragt den Bauern: „Haben Sie eine Zigarette?" Dieser gibt ihm die Sonne am Mittag. Und da bedankt sich der Holzhauer und schlägt die Bäume.

Der Wald ist aus lauter Holz, dessen Zukunft dunkel ist wie das Loch. Der Holzhauer ist eine Nummer, er gehört zu dem System meiner Zahlen. Ich habe sie im Wald versammelt. Punkt um Punkt. Eine Tafel sei hingestellt. Ein Angstschrei: „Nanu, der Wald ist leer!" – Oh, leerer, grüner, feuchter Wald, wie viel Bäume hast du? Wipfelig ist wohl dein Dach. Und darin ist das Loch.

Oh nein, kein Loch – der Vogel – so!!

Tafel hin, Tafel her! Punkt um Punkt, Strich um Strich, Farbe um Farbe!

Wie schön der Wald klingt!

Stelle ich die Maschine in den Wald, so müssen wir warten!

Erinnere dich an das Totenhaus, dessen gute Idee das Leck war!

Die tropfende Leiche?

Imagination! Du hast das nie gesehen!

Doch es tropft. Ja, es tropft die Leiche am Mittag, als die Welt zu voll wurde.

Erinnere dich an die Maschine!

Ihr Herz, leugne das nicht, schlägt, wie der Holzmann Holz für dich!

Armer, wohin treibt dich das Wasser?!

Glasklar! Als ob Würmer drin wären! Die Maschine, sie hält mich. So hält der Baum den Wald und der diesen. Fragt ja doch der Bauer den Holzhauer am Mittag: „Wozu gibst du mir die Sonne? Sie ist zu groß für mein Herz!" „Ach", lacht da der Waldmensch, „keine Sorge! Wir kriegen auch das dort hinein."

Soweit die Menschen. Und die Maschine sägt derweil fleißig. Ich stehe dabei und finde mich höchst überflüssig.

Welten und Welten!

Ich erinnere mich an die vier von gestern Nacht. Für sie gab es keinen Pardon mehr. Sie lagen bleich in meinen Armen. Vielleicht, dass irgendwo in ihrem Gehirn noch einmal das Bild der Mutter durchgebrochen war.

Lass dafür eine Träne heilig sein!

Höchst überflüssig, wie ich dabeistehe und keinen gescheiten Gedanken aufbringe. So lasse ich mich inspirieren, denn der Wagen muss eine Bahn haben, sonst gibt es Bruch.

Waldmensch, der nichts von seiner Existenz weiß, klobig steht er mit harten Fäusten, und seine Kraft entwurzelt – seine Kraft entwurzelt meine Seele!

<u>28. März 1963</u>

Gib mir ein Wort. Ich möchte Worte schreiben, bunte Worte aus dem Land. Sie schreiben und immer wieder schreiben. Die Zeit füllen, damit nur etwas geschieht, damit ich nicht stehen bleibe und mir sagen muss, bis hier hast du dich entwickelt, jetzt ist dein Weg grade, horizontal und wird dann allmählich abschüssig. Das wäre ein schlimmer Gedanke, weil so viele Dinge damit aufgegeben werden müssten. Ich bin nicht fertig. Die Welt wird von Tag zu Tag größer, ich werde kleiner. Ich habe ja aufgegeben, mich isoliert zu sehen. Dieser Gedanke war Unfug, ein Produkt elender Märchen, die von den Menschen erzählt werden. Schön sind ja diese Märchen, und doch können sie unglücklich machen.
Nun, das war einmal. Heute ist ja schon alles anders. Da geht es ja um ganz andere Dinge. Heute weiß ich manchmal einfach nicht mehr, wie ich einen Text beginne, der nun nicht nur beschreibend sein soll. Erzählen kann man bis in die Unendlichkeit bei etwas Fantasie und bei eigenen Erlebnissen und vor allen Dingen dann, wenn man seine Augen gebraucht. Die Welt ist voller Worte. Man braucht sie nur zu nehmen und auf Papier zu tun. Dieser Vorgang bringt jedoch nichts Neues. Das kommt erst dann, wenn ich die alten Wege verlasse und versuche, neuen Kon-

takt zur Welt zu bekommen. Das ist leichter gesagt als getan, weil man dazu in Opposition zu sich selbst leben muss. Da steht ja als große Wand die ganze Vergangenheit, all die vielen Dinge, die in dieser Zeit ihre Wirkung auf uns gehabt haben. Soll man sich daraus lösen können? Ich glaube nicht, denn das alles bildet einen Funktionskomplex, unser augenblickliches Leben. Das ist ein Status. Das Wort ist eigentlich nicht nötig. Das Lebensgefühl, das erfühlte Augenblicks-Ich, bedarf gar keiner Beimengungen. Die sind nur irreführend. Sie verleiten uns, und das allgemein auch für alle anderen Sachen zutreffend, zu oberflächlichem Denken. Wir hören etwas, wir sehen etwas – und gleich haben wir für den Vorgang oder das Individuum einen Namen. Allgemein bedeutet das, wir haben die Welt, einen homogenen Status, in lauter kleine Stücke zerlegt, mit denen wir arbeiten, die so gut in unseren Grips hineinpassen. Bei den meisten Menschen bleibt es zeitlebens bei diesem. Das fängt mit dem „Mama" an und hört mit einem mehr oder weniger gekonnten Seufzer auf. Ich will nichts gegen das Totenbett sagen und bezweifele ja auch, dass irgendein Mensch selbst zum Tod hin den letzten Seufzer bephilosophiert. Vielleicht gibt es das. Aber meist wird dann doch die Natur, der primitive Lebensvorgang oder das primitive Lebensgeschehen, den Menschen so beherrschen, dass keine Ganglienzelle zu Spekulationen bereit ist.

Wenn ich heute schreibe, gibt es keinen speziellen Anfang. Ich schreibe manchmal das, was ohne Sinn gerade da ist. Das Weitere folgt kausal, weil ja an irgendeiner Stelle des Gehirns eine Assoziationstätigkeit angefangen hat. Denn da kommt in meine Erinnerung der hohle Baum. Von da gehen dann verschiedene Richtungen, die ich zu Papier bringen kann. Aber hier beginnt meine eigentliche Aufgabe oder der Sinn meiner ganzen Schreiberei überhaupt. Ich versuche, die Struktur, die Funktion und den Wert des Kausalitätskomplexes aufzudecken.

Nach der Bearbeitung des Textes

Gib mir ein Wort! Ich möchte Worte schreiben, bunte Worte aus dem Land. Sie schreiben und immer wieder schreiben. Die Zeit füllen, damit nur etwas geschieht, damit ich nicht stehen bleibe und mir sagen muss, bis hier hast du dich entwickelt, jetzt ist dein Weg grade, horizontal und wird dann allmählich abschüssig.

Das wäre ein schlimmer Gedanke, weil so viele Dinge damit aufgegeben werden müssten!

Ich bin nicht fertig. Die Welt wird von Tag zu Tag größer, ich werde kleiner. Ich habe ja aufgegeben, mich isoliert zu sehen. Dieser Gedanke war Unfug, ein Produkt elender Märchen, die von den Menschen erzählt werden. Schön sind ja diese Märchen, und doch können sie unglücklich machen.

Nun, das war einmal!

Heute ist ja schon alles anders. Da geht es ja um ganz andere Dinge. Heute weiß ich manchmal einfach nicht mehr, wie ich einen Text beginne, der nun nicht nur beschreibend sein soll. Erzählen kann man bis in die Unendlichkeit bei etwas Fantasie und bei eigenen Erlebnissen und vor allen Dingen dann, wenn man seine Augen gebraucht. Die Welt ist voller Worte. Man braucht sie nur zu nehmen und auf Papier zu tun.

Dieser Vorgang bringt jedoch nichts Neues!

Das kommt erst dann, wenn ich die alten Wege verlasse und versuche, neuen Kontakt zur Welt zu bekommen. Das ist leichter gesagt als getan, weil man dazu in Opposition zu sich selbst leben muss. Da steht ja als große Wand die ganze Vergangenheit, all die vielen Dinge, die in dieser Zeit ihre Wirkung auf uns gehabt haben.

Soll man sich daraus lösen können?!

Ich glaube nicht, denn das alles bildet einen Funktionskomplex, unser augenblickliches Leben.

Das ist ein Status! Das Wort ist eigentlich nicht nötig! Das Lebensgefühl, das erfühlte Augenblicks-Ich, bedarf gar keiner Beimengungen!

Die sind nur irreführend. Sie verleiten uns, und das allgemein auch für alle anderen Sachen zutreffend, zu oberflächlichem Denken. Wir hören etwas, wir sehen etwas – und gleich haben wir für den Vorgang oder das Individuum einen Namen. Allgemein bedeutet das, wir haben die Welt, einen homogenen Status, in lauter kleine Stücke zerlegt, mit denen wir arbeiten, die so gut in unseren Grips hineinpassen. Bei den meisten Menschen bleibt es zeitlebens bei diesem. Das fängt mit dem Wort „Mama" an und hört mit einem mehr oder weniger gekonnten Seufzer auf. Ich will nichts gegen das Totenbett sagen und bezweifele ja auch, dass irgendein Mensch selbst zum Tod hin den letzten Seufzer bephilosophiert.

Vielleicht gibt es das!

Aber meist wird dann doch die Natur, der primitive Lebensvorgang oder das primitive Lebensgeschehen, den Menschen so beherrschen, dass keine Ganglienzelle zu Spekulationen bereit ist.

Wenn ich heute schreibe, gibt es keinen speziellen Anfang. Ich schreibe manchmal das, was ohne Sinn gerade da ist. Das Weitere folgt kausal, weil ja an irgendeiner Stelle des Gehirns eine Assoziationstätigkeit angefangen hat. Denn da kommt in meine Erinnerung ...

Der hohle Baum!

Von da gehen dann verschiedene Richtungen, die ich zu Papier bringen kann. Aber hier beginnt meine eigentliche Aufgabe oder der Sinn meiner ganzen Schreiberei überhaupt. Ich versuche, die Struktur, die Funktion und den Wert des Kausalitätskomplexes aufzudecken.

Zum Bild auf der Vorderseite des Buches

Im Traum symbolisieren
(siehe auch DAS GROSSE TRAUMLEXIKON von Dr. Günter Harnisch)

die **Nacht** den gesamten Bereich des Unbewussten;

die Farbe **Schwarz** unter anderem Unbewusstheit und seelischen Stillstand;

der **Himmel** unter anderem das Reich des Geistes;

die **Sterne** als Symbole des Lichts unter anderem Hoffnung, Glauben und Zuversicht;

das **Licht** unter anderem Bewusstsein, Erkenntnisvermögen;

die Farbe **Weiß** unter anderem Reinheit und Unschuld.